GÜTERSLOHER
VERLAGSHAUS

Gütersloher Verlagshaus. Dem Leben vertrauen

Gerti Samel

Mehr Zeit
Mehr Glück
Mehr Leben

Vom achtsamen Umgang mit jedem Augenblick

Gütersloher Verlagshaus

Bibliografische Information Der Deutschen Bibliothek
Die Deutsche Bibliothek verzeichnet diese Publikation
in der Deutschen Nationalbibliografie; detaillierte bibliografische
Daten sind im Internet über http://dnb.ddb.de abrufbar.

FSC
Mix
Produktgruppe aus vorbildlich
bewirtschafteten Wäldern und
anderen kontrollierten Herkünften

Zert.-Nr. SGS-COC-1940
www.fsc.org
© 1996 Forest Stewardship Council

Verlagsgruppe Random House FSC-DEU-0100
Das für dieses Buch verwendete FSC-zerifizierte Papier *EOS*
liefert Salzer, St. Pölten.

1. Auflage

Umschlaggestaltung: schwecke.mueller Werbeagentur GmbH, München
unter Verwendung eines Fotos © getty images
Satz: Buch-Werkstatt GmbH, Bad Aibling
Druck und Einband: GGP Media GmbH, Pößneck
Printed in Germany
ISBN-13: 978-3-579-06938-8
ISBN-10: 3-579-06938-1

www.gtvh.de

Inhalt

Jetzt ist immer

Lebe achtsam, werde sanft

Der Augenblick als Seelenklempner

Zur richtigen Zeit am richtigen Ort

Zu zweit im Himmel des Jetzt

Ihre Zeit ist gekommen!

Kapitel 1
Jetzt ist immer

**Lernen Sie das Geheimnis des Augenblicks kennen.
Stimmen Sie sich ein auf eine Erfahrung, die Sie nie wieder vergessen.**

Danke, liebe Leserin und lieber Leser, für Ihre Aufmerksamkeit. Ich bin mir vollkommen darüber bewusst, dass Sie mir in diesem Moment eines Ihrer wertvollsten Güter schenken: Ihre Lebens-Energie.
Mit diesem Buch lade ich Sie ein, sich auf einer ganz persönlichen Ebene mit dem Thema Zeit auseinander zu setzen. Ich möchte in Ihnen ein Gefühl für die Kostbarkeit jedes Augenblicks erwecken, ganz egal, unter welchen Umständen Sie ihn erleben. Und ich wünsche mir, dass Sie die Wahrheit meiner Botschaft nicht nur mit dem Verstand, sondern auch mit dem Herzen begreifen:

Die einzige Zeit, in der wir wirklich leben können, ist die Gegenwart.

Mit dieser Aussage wäre auch schon festgelegt, was Sie hier nicht lesen werden. Ganz bestimmt erfahren Sie nicht, wie Sie noch mehr Effektivität in noch weniger Zeit pressen können, um anschließend länger »frei« zu haben. Die Lebens-Zeit, die ich meine, macht keinen Unterschied zwischen Arbeitszeit und Freizeit. Sie ist immer. Das Einzige, was wir mit unserer Zeit wirklich tun sollten, ist – sie mit Bewusstheit füllen. Und genau das ist das Anliegen meines Buches. Ich wünsche mir, in Ihnen Lebens-Zeit-Bewusstsein zu erwecken.

Lebens-Zeit-Bewusstsein.

Lassen Sie die Melodie dieses Begriffs bitte einige Sekunden auf sich wirken. Ich finde, darin schwingt etwas sehr Tiefgründiges mit. Wenn der Klang der drei Worte Sie irgendwie berührt, nachdenklich oder neugierig macht, umso besser. Dann hat eine Instanz in Ihnen die essentielle Botschaft darin erkannt. Für mich ist Lebens-Zeit-Bewusstsein eines der höchsten geistigen Ziele, die wir anstreben können. Ich bin davon überzeugt, dass

jeder Mensch sein Dasein wesentlich reicher, freudvoller und lebendiger gestalten kann, indem er sich der Zeit bewusst wird, die ihm zum Leben geschenkt wurde.
Jeder von uns hat bei seiner Geburt eine begrenzte Zeit zugeteilt bekommen, über die er frei verfügen kann. Seine Lebens-Tage, Stunden und Sekunden kann er verschenken, verstreichen lassen, intensiv nutzen, genießen, vergeuden und manchmal sogar still stehen lassen. Was immer der Mensch mit seiner Zeit anfängt, er übernimmt dafür die Verantwortung, und Unwissenheit oder Unbewusstheit schützen ihn nicht vor den Folgen. Zeit ist unerbittlich.
Zeit ist aber auch gnädig. Sie kann unser Freund und Helfer, ja, sogar ein großes Heilmittel sein.

Mit dem Verstand nicht zu fassen

Auf den nächsten Seiten wird Ihnen der Begriff Lebens-Zeit-Bewusstsein noch sehr oft begegnen. Damit Sie sich ohne Vorbehalt darauf einlassen können, erlaube ich mir, etwaige Zweifel gleich hier aus dem Weg zu räumen: Nein, es steckt kein Guru, keine Sekte, keine Religion, keine Gehirnwäsche und auch keine Geheimlehre dahinter. Lebens-Zeit-Bewusstsein, kurz LZB, steht für das, was ich als so wertvoll erachte, dass ich es möglichst vielen Menschen nahe bringen möchte.
Wie alle wesentlichen Dinge kann Lebens-Zeit-Bewusstsein einfach und schwer zugleich sein. Es wird schwer, sobald wir versuchen, es zu verstehen oder zu erzwingen, denn es erschließt sich nicht über den Intellekt, nicht über logisches Denken und schon gar nicht über den Willen. Bewusstsein für Zeit wächst und entwickelt sich ausschließlich über die Wahrnehmung, sprich – über die Erfahrung der Sinne. Es kommt nicht spektakulär daher, obwohl es in seiner Auswirkung mehr als das ist. LZB ist eine Geisteshaltung – eine bestimmte Art, durchs Leben zu ge-

hen, Situationen zu verstehen und mit den Dingen umzugehen. Sie können eine brennende Kerze entweder auspusten oder den Docht sorgsam ins flüssige Wachs tauchen und dann wieder aufrichten. Mit der einen Art erledigen Sie die Angelegenheit gedankenlos, mit der anderen machen Sie das Löschen der Kerze zu einem bewussten, liebevollen Akt. Beides kostet etwa gleich viel Zeit, aber was für ein Unterschied!

Die Verheißung der G-Worte

Ähnlich wie ein Mensch mit dem Licht einer Kerze umgeht, wird er es mit dem Leben einer Fliege, einer Spinne oder Ameise tun. Auch diese Kreaturen haben eine Lebens-Zeit, die wir missachten oder respektieren können. LZB erstreckt sich also weit über unser eigenes Sein hinaus, auf den Umgang mit allen Lebewesen, mit der gesamten Umwelt. LZB ist ein Weg, auf dem wir unser Leben heilen können. Und ganz nebenbei nähern wir uns dabei den drei großen »G« unserer Zeit: Gelassenheit, Gesundheit, Glück. Ich gebe zu, die verheißungsvollen G-Worte werden derzeit sehr häufig zitiert. In Lifestyle-Journalen, in der Werbung und in Persönlichkeitsseminaren erwähnt man sie gerne im Zusammenhang mit Entspannung, Anti-Stress-Strategien und Lebensqualität. Ich habe allerdings meine Zweifel, ob das Lesen eines Artikels oder das Buchen eines Verwöhnwochenendes im Wellness-Hotel ausreichen, um so hohe Ziele zu erreichen. Meiner Erfahrung nach braucht es dazu einen tief greifenden Bewusstseinswandel, und der wiederum braucht Zeit. Es ist nun mal nicht möglich, eine Lebenshaltung in Nutzwert-betonte Formeln und schnell wirksame Rezepte zu pressen. Mal ehrlich: Haben Sie schon ein einziges Glücksrezept aus einem Zeitungsartikel ausprobiert? Wenn ja: Wie lange waren Sie glücklich?
Die Gelassenheit, die Gesundheit und das Glück, das Sie durch Lebens-Zeit-Bewusstsein erlangen, gehen nicht vonstatten wie

ein Fingerschnipsen. Dafür wachsen sie langsam aber sicher, auf gut vorbereitetem Boden. Täglich, immer wieder will dieses Lebensgefühl geübt werden, in den verschiedensten Situationen, mit unterschiedlichen Schwierigkeitsgraden, unter härtesten Bedingungen. Stellen Sie sich vor, Sie hätten gerade einen Kurs über eine bestimmte Ernährungslehre gemacht. Im geschützten Rahmen Ihres Seminars konnten Sie die neu gewonnen Erkenntnisse hervorragend umsetzen. Aber nun kommen Sie zurück in den ganz normalen Wahnsinn Ihres Alltags und werden auf die Probe gestellt. Sie müssen ihre Überzeugungen verteidigen und ihre neuen Ernährungsrichtlinien gegen die eingefleischten Essgewohnheiten Ihrer Familie durchsetzen. Sie sind gezwungen, Ihre Lebensmittel in bestimmten Geschäften einzukaufen, die nicht unbedingt auf dem Nachhauseweg liegen. Im Arbeitsalltag gilt es ebenfalls, Ihre neuen Erkenntnisse sinnvoll zu integrieren. Und wie wollen Sie es im Urlaub handhaben, wie werden Sie Ihren Ernährungsplan bei Geschäftsessen, bei Partys oder Einladungen durchziehen? Können – oder dürfen – Sie zwischendurch mal aussetzen und über die Stränge schlagen, ohne den Anschluss zu verlieren?

Auch beim Lebens-Zeit-Bewusstsein findet der Härtetest im täglichen Leben statt. Nach einer anfänglichen Begeisterungswelle werden Sie es öfter mal vergessen. Dann sind Sie auf kleine Erinnerungshilfen angewiesen, auf die wir noch zu sprechen kommen. Aber Sie bekommen auch Unterstützung. Ihr Unterbewusstsein zum Beispiel, das immer nur das Beste für Sie will, wird Ihnen helfen. Wenn es einmal gemerkt hat, wie gut LZB Ihnen tut, ist es nur allzu gerne bereit, sich auf Ihre neue Sichtweise einzustellen. So lange, bis sie Ihnen in Fleisch und Blut übergegangen ist. Auch Ihre Motivation, eine der wichtigsten Meilensteine auf dem Weg zu neuen Bewusstseinsprozessen, wird kaum erlahmen. Je besser es Ihnen gelingt, Zeit bewusst zu erleben, umso schöner wird Ihr Leben.

Im Einzelnen kann Lebens-Zeit-Bewusstsein

- Ihnen das Gefühl geben, lebendiger zu sein,
- Ihrem Leben mehr Intensität geben,
- Ihre Sinneswahrnehmungen verbessern,
- Ihre Genussfähigkeit steigern,
- Ihnen helfen, Entscheidungen richtig zu treffen,
- Ihren Groll gegen die ungerechte Welt auflösen,
- Ihnen helfen, besser mit Ihren Gefühlen klarzukommen,
- Sie dazu bringen, Ihr Schicksal zu akzeptieren,
- Ihre Vorstellungen von Glück auf den Kopf stellen,
- Sie motivieren, mehr aus Ihrem Leben zu machen,
- Ihnen Ihre Lebensfreude zurückbringen,
- Sie dazu bringen, Ihr Leben endlich hundertprozentig zu leben.

Für mich ist Lebens-Zeit-Bewusstsein eine der größten Entdeckungen des Lebens.

Machen Sie einen Gegenwarts-Check

> *Wie geht es Ihnen in diesem Augenblick?*
> *Ich möchte Sie nun bitten, einmal kurz inne zu halten und Ihr derzeitiges Lebensgefühl einzuschätzen. Wie fühlen Sie sich gerade? Machen Sie eine kurze Momentaufnahme, indem Sie Ihre Zufriedenheit auf einer Skala von eins (minimal) bis zehn (optimal) einordnen.*

Und? Wie viele Punkte haben Sie sich gegeben? Lassen Sie mich raten: Sie stehen zwischen 4 und 7, irgendwo im so genannten suboptimalen Bereich. Die meisten Menschen fühlen sich die längste Zeit ihres Lebens nicht gut, aber auch nicht schlecht,

sondern mittelmäßig. Auf die Frage: »Wie geht es dir?« lauten die häufigsten Antworten: »Es geht so.«, »Passt schon.«, »So là là.«, »Na ja, könnte besser sein.« oder »Alles okay soweit«.
Und nun erinnern Sie sich bitte an die Zeit, als Sie das letzte Mal bis über beide Ohren verliebt waren – glücklich verliebt, wohlgemerkt. Wie wäre damals Ihre Antwort auf die gleiche Frage ausgefallen? Wahrscheinlich hätten Sie gesagt »Super, es geht mir phantastisch!« oder »Ich fühle mich toll, ich könnte Bäume ausreißen!«. Was für ein großartiges Lebensgefühl, wenn wir verliebt sind.
Jeder Verliebte und jeder ehemals Verliebte kennt und liebt ihn: diesen wunderbaren Bewusstseinszustand erhöhter Energie, in dem man zu schweben meint. Man fühlt sich leicht und unbekümmert. Frei von Sorgen, Belastungen und Kümmernissen. In und um uns herum entsteht ein Energiefeld von hoher Schwingungsfrequenz. In dieses Feld kann keine Negativität eindringen, kein Missklang hat Platz. Auch Not und Chaos können der Person kaum etwas anhaben. Es verhält sich ähnlich wie mit Licht und Dunkelheit: Wo Licht ist, kann Dunkelheit nicht sein.
Der Zustand der Verliebtheit ist traumhaft, und trotzdem ist er keine Illusion. An den Lebensumständen ändert sich zum Beispiel gar nichts. Das Konto bleibt weiterhin überzogen, der kranken Mutter geht es nicht besser, und das Kind bringt nach wie vor schlechte Noten nach Hause. Aber all das belastet Sie nicht. Warum? Weil Sie im Zustand des Verliebseins mit Ihren Gedanken und mit Ihrer Aufmerksamkeit ganz in der Gegenwart sind. Ihre Lebensenergie ist vollkommen auf den Augenblick fokussiert. Sie sind ohne eigenes Zutun, mühelos und ohne Absicht genau da, wo Sie eigentlich immer sein sollten: im Jetzt.

Wenn ich ganz
in der Gegenwart lebe,
verrenne ich mich nicht
in die Angst um
Vergangenheit und Zukunft.

Warum sind wir nicht immerzu verliebt?

Wir fragen nie nach dem Sinn des Lebens, wenn wir verliebt sind, sagte einst der indische Meister Bhagwan Shree Rajneesh. Deshalb sollten wir uns fragen, warum wir nicht immerzu verliebt sind. Ja – warum eigentlich nicht? Weil wir nicht den geeigneten Partner finden. Weil Verliebtheit nur eine Zeitlang anhält. Weil nach dem Verliebtsein die Talfahrt beginnt, und so weiter. Das wären die Antworten des Verstandes. Doch die Ratio ist nicht die Instanz, die wir mit Lebens-Zeit-Bewusstsein ansprechen. Unsere Herzebene, um die es hier geht, würde etwas anderes sagen: Um unbekümmert zu sein, sich leicht und frei zu fühlen, müssen wir uns nicht in einen Menschen verlieben. Wir müssen nicht einmal unsere Lebenssituation ändern. Das Gefühl des Leicht- und Unbekümmertseins ist an keine äußeren Bedingungen geknüpft. Wir können es jederzeit herstellen, indem wir uns mit unseren Gedanken und der vollen Aufmerksamkeit in der Gegenwart bewegen.

Verliebtsein ist der natürlichste Zustand des Menschen. Um ihn immer wieder in sich wachzurufen, müssen Sie nur eines tun: Lieben Sie Ihr Dasein in seiner jetzigen Form. Erkennen Sie an, dass immer nur eines wahr: das, was ist, in diesem Augenblick! Ihr ganzes Leben lang werden immer wieder Themen auf Sie zukommen, mit denen Sie sich auseinander zu setzen haben. Doch, ob diese Themen ein Problem sind, ob sie Sie belasten oder nicht, das entscheiden Sie – mit Ihrem Lebens-Zeit-Bewusstsein

Nur jetzt können Sie fühlen.
Nur jetzt können Sie glücklich sein.
Nur jetzt können Sie handeln.
Wenn es Ihnen gut geht, können Sie diesen Tag nur jetzt genießen.
Wenn es Ihnen schlecht geht, können Sie Ihre Situation nur jetzt ändern.

Jedes Mal, wenn Sie sich bewusst auf die Augenblicks-Schiene des Lebens zurückholen und ein paar Atemzüge darin verweilen, erhöhen Sie ein Stück weit Ihre Lebensenergie. Sie werden sehr schnell merken, dass Sie sich besser fühlen, weil Ihr »So-là-là-Gefühl« verschwindet. Schauen Sie sich die Menschen an, die morgens mit dem Bus, dem Zug oder der U-Bahn zur Arbeit fahren. Schauen Sie hin, wie verschlafen, unglücklich, apathisch, gehetzt oder verbissen sie angesichts des vor ihnen liegenden Acht-Stunden-Tags dreinschauen. Abends werden sie dann grau vor dem Fernseher sitzen. Wir alle kennen das Gefühl, an der Mittelmäßigkeit unseres Lebens zu ersticken. Wir alle haben das graue Alltagseinerlei manchmal so satt. Um es uns erträglicher zu gestalten, sind wir gewohnt, in Rauschzustände zu flüchten. Doch statt dem Festhalten an Alkohol, Drogen oder Zigaretten, rate ich Ihnen zum Stimulans des Augenblicks. Probieren Sie es ruhig nochmals: Bleiben Sie stehen, wo Sie sind, halten Sie inne, nehmen Sie drei Atemzüge und sagen Sie sich: »Ich lebe. Nichts anderes zählt als dieser Augenblick.« Und schon hat Ihre Gegenwart eine ganz neue Qualität.

Schauen Sie sich um und erfassen Sie Ihre Wirklichkeit mit allen Sinnen. Das und nichts anderes macht Sie lebendig. Riechen, schmecken, schauen, fühlen Sie. Es sind die Quellen, aus denen sich das Erleben speist, und Sie können jederzeit aus ihnen schöpfen. Ihre Sinne stehen Ihnen immer zur Verfügung.

Lebens-Zeit-Bewusstsein ist die Kunst, die Gegenwart in ihrer ganzen Fülle zu erleben. Sie ist der Schlüssel zu Ihrem gesamten Lebensglück, denn letztlich geht es um nichts anderes als darum, das Hier und Jetzt zu begreifen – in all seinen Dimensionen.

Warum nur passt uns unser Leben nicht? Wir haben es selbst geschaffen. Und trotzdem träumen wir von einer besseren Zukunft, sehnen uns zurück nach vergangenen Tagen.

Hören Sie auf, in anderen Zeiten zu leben

Solange wir uns der Gegenwart nicht bewusst sind, neigen wir dazu, in anderen Zeiten zu leben. Das ist uns so beigebracht worden, weil es üblich ist und es die meisten Menschen tun. Die einen sehnen sich fortwährend nach früheren Zeiten und erheben damit die Vergangenheit zu ihrem Gott, die anderen träumen von einer besseren Zukunft. Doch was bringt das eine und was das andere? In beiden Fällen berauben sich die Menschen der Kraft der Gegenwart.

History teaches nothing, die Geschichte lehrt uns nichts! Diesen Satz bekomme ich oft von meinem Freund Ernest zu hören, der als Hypnotherapeut arbeitet. Er ermuntert damit seine Patienten, negative Erfahrungen loszulassen und nicht auf die Zukunft zu projizieren. »Als ich mit meinem Mann vor zehn Jahren in eine schwere Krise hineinrutschte, ging unsere Beziehung zu Ende. Jetzt fängt es auch mit meinem derzeitigen Freund an zu kriseln …« Die Frau, die so redet, erwartet, dass ihre negativen Erlebnisse von früher sich in ihrer gegenwärtigen Partnerschaft wiederholen. Damit verbaut sie sich aber die Möglichkeit, in Zukunft andere Erfahrungen zu machen. Durch ihre negative Erwartungshaltung legt sie den Grundstein für die ewige Wiederholung ihres Partnermusters.

Es geht auch anders. »Wenn wir erkennen, dass wir von der Zukunft etwas anderes erwarten können als das, was wir schon kennen, haben wir einen bedeutsamen Schritt getan!«, sagt mein Freund Ernest. Lebens-Zeit-Bewusstsein entwickeln bedeutet in diesem Fall, sich vor Augen zu halten, dass man einer aus persönlichen Erfahrungen gespeisten Annahme auf den Leim geht. Gefahr erkannt, Gefahr gebannt: Nun können Sie frei entscheiden, ob Sie Ihr altes Muster beibehalten möchten oder nicht. Sie haben Ihr Verhaltensrepertoire um eine Möglichkeit erweitert. Brechen Sie aus Ihrem negativen Gedankenkreislauf aus, indem Sie einen anderen Ausgang der Situation erwarten.

Die Kunst des Augenblicks besteht darin, die Welt mit den staunenden Augen eines Kindes zu betrachten. Vergessen Sie, was Sie gestern erlebt haben. Freuen Sie auf die Wunder des neuen Tages, und sie werden möglich.

Vergangenheit ist tote Zeit

Es gibt sehr viele Methoden, sich unglücklich zu machen. Eine davon wird von den Menschen praktiziert, die in der Vergangenheit leben. Sie haben es sich angewöhnt, bei jeder Gelegenheit zurückzublicken. Dieses Klammern an vergangene Zeiten zeigt sich durch Sätze wie »Ja damals, als meine Eltern noch lebten« oder »Früher war das noch anders. Da hatten die Jungen Respekt vor den Älteren.« oder »Als ich damals meinen Mann verlor und nicht mehr wusste, wie es weitergehen soll …« Oft spürt man ganz deutlich, wie sehr so ein Mensch emotional mit der Vergangenheit verbunden ist, wenn er mit leuchtenden Augen oder mit bewegtem Gesicht von früher erzählt. Um noch mehr in wehmütigen Erinnerungen zu schwelgen, blättert er dann noch in Fotoalben, schaut sich alte Filme an oder hört die Musik von damals. Ich persönlich habe noch nie ein Klassentreffen besucht und weigere mich seit Jahren, zu Jubiläumsfeiern meiner Ex-Kollegen zu erscheinen, weil ich das Zelebrieren vergangener

Zeiten ablehne. Wenn ich mich einem Menschen, mit dem ich früher einmal beisammen war, heute noch verbunden fühle, nehme ich gerne zu ihm Kontakt auf und verbringe mit ihm eine angenehme Zeit. Aber ich würde dabei nicht in ein wehmütiges Erinnerungsschwelgen verfallen. Die Verbindung ist ja noch da und kann in vollen Zügen erlebt werden. Mit wachsendem Lebens-Zeit-Bewusstsein wird es Ihnen vielleicht ähnlich ergehen wie mir. Sie beginnen automatisch, sich von Menschen, die in anderen Zeiten leben, zu distanzieren.

Einer meiner Bekannten, ein 65-jähriger Künstler, ist eigentlich ein ausgesprochen kluger und geistreicher Mensch. Doch wenn man mit ihm einen ganzen Abend verbringt, fängt er irgendwann an, von früheren Zeiten zu sprechen. Er wartet dann nur noch auf ein Stichwort, um einzuhaken. Wie von einem inneren Motor angetrieben, breitet er seine Monologe aus der Studentenzeit aus. Seine Anekdoten mögen im Einzelnen ganz unterhaltsam sein, doch in dieser Ausgiebigkeit werden sie für jeden Zuhörer anstrengend. Fast jedes Mal redet sich mein Bekannter so in Fahrt, dass er gar nicht merkt, wie die Personen im Raum beginnen, unruhig auf ihren Sitzen herumzurutschen, zu gähnen oder das Zimmer zu verlassen. Schade, denke ich oft, eigentlich ein netter Mensch, aber er raubt seinen Zuhörern die Zeit mit seinen Geschichten. Ich habe mich schon lange nicht mehr mit ihm getroffen.

Übrigens: Die Neigung, in vergangenen Zeiten zu leben, haben nicht nur ältere Personen, sondern alle, die – bewusst oder unbewusst – der Ansicht sind, den besten Teil ihres Lebens hinter sich zu haben. Bei einigen ist das schon mit 30 oder 40 Jahren der Fall.

Wenn wir in der Vergangenheit leben, lenken wir unsere gesamte Aufmerksamkeit in eine tote Zeit. Aufmerksamkeit ist aber ein hochenergetischer Prozess. Wir laden den Bereich, auf den wir sie richten, mit unserer Lebensenergie auf.

Machen Sie sich also bewusst, dass Sie sich mit dem Blick zurück keinen Gefallen tun. Sie entziehen damit Ihrem gegenwärtigen Leben und Ihrer Zukunft nur die notwendige Kraft. Die Vergangenheit ist dann energetisch so aufgeladen, dass sie gleichsam lebendig wird.
Gleichzeitig bleibt aber für Ihr gegenwärtiges Leben keine Kraft mehr übrig. Die Energie, die vonnöten wäre, um sich weiter zu entwickeln, Wünsche oder Projekte zu realisieren oder das jetzige Leben zum Besseren zu verändern – ist verschwendet.

Wer die Zeit nicht kennt,
verschwendet sie.
Wer die Zeit kennt,
lässt keinen Augenblick
ungenutzt verstreichen.

Sollten Sie sich dem Kreis der vergangenheitsorientierten Personen zuordnen, rate ich Ihnen, dieses Thema mit Lebens-Zeit-Bewusstsein anzufüllen. Sie können sich zum Beispiel verdeutlichen, dass sich das emotionale Klammern an Vergangenes wie ein Bremsklotz auf Ihre Persönlichkeit und auf Ihr jetziges Lebensgefühl auswirkt. Was können Sie an der Vergangenheit ändern? Nichts! Sie können sich nur daran erinnern. Selbst wenn Sie sich den Kopf darüber zermartern, warum Sie früher eine Entscheidung falsch getroffen oder andere Fehler begangen haben: Geschehen ist geschehen. Grübelei, Schuldgefühle und Quälerei über Dinge, die Sie nicht mehr rückgängig machen können, sind verschwendete Kraft. Die Vergangenheit ist eine tote Zeit. Wollen Sie Ihre Lebensenergie in etwas Totes lenken? Stellen Sie sich vor, Sie schütten in einer Sandwüste einen Eimer Wasser aus. Das Wasser ist nach wenigen Minuten versandet, ohne die geringste Wirkung erzielt zu haben. Sie können noch fünf oder zehn Eimer Wasser anschleppen, letztlich werden Sie mit Ihrem Energieeinsatz nichts erreichen. Es wird keine Pflanze wachsen, nichts erblühen, nichts gedeihen.

Menschen, die sich ständig in die Vergangenheit zurückziehen, mögen kurzfristig in schönen Erinnerungen schwelgen, wenn die alten Gefühle wieder aufleben. Früher oder später aber holt das Leben sie wieder ein und zwingt sie, sich der Gegenwart zu stellen. Da und nirgendwo sonst spielt die Musik. Wer häufig Vergangenheitsflucht betreibt, läuft außerdem Gefahr, realitätsfremd zu werden.
Würden wir uns einmal wirklich drastisch vor Augen führen, wie wir durch Vergangenheitsschau wieder und wieder den Fluss unseres Lebens schwächen und wie unerfüllt und unbefriedigend unser Dasein wird, würden wir diese schädigende Gewohnheit sehr bald ablegen. Und was bitte soll aus unserer Zukunft werden, wenn wir schon kaum mehr Kraft haben, die Gegenwart zu bewältigen?

Schenken Sie Ihrem gegenwärtigen Sein so viel Aufmerksamkeit wie möglich, damit alle Bereiche Ihres Lebens wachsen und gedeihen können.

Es liegt nahe, sich im Angesicht des grauen Alltags in Zeiten zu flüchten, in denen man glücklich war. Aber eine solche Flucht löst nicht das Problem, sondern verstärkt es. Wenn Sie sich in Ihrem Leben zurzeit nicht recht wohl fühlen, wäre es besser, Sie würden all Ihre Kraft genau jetzt mobilisieren, um Ihr Thema anzupacken. Wir alle sind jeden Tag dazu aufgefordert, uns dem realen Leben zu stellen und die Aufgaben anzugehen, die vor uns liegen.

Lassen Sie Ihre Vergangenheit los. Sie brauchen sie nicht mehr. Nur wenn sich in Ihrem gegenwärtigen Leben etwas ereignet, was sich direkt auf ein vergangenes Ereignis bezieht, sollten Sie die alten Schubladen nochmals öffnen. Merken Sie jedoch, dass Sie aus purer Gewohnheit gedanklich in frühere Zeiten abrutschen, holen Sie sich selbst liebevoll wieder zurück ins echte Leben.

Zukunftssorgen sind ein Phantom, sonst nichts

Eine Nachbarin von mir verbringt den größten Teil ihres Lebens damit, sich Sorgen zu machen. Sie malt sich in den düstersten Farben aus, was alles passieren könnte, und damit es auch wirklich eintrifft, nimmt sie die Ereignisse in ihrer Haltung vorweg. Gekrümmt und gramgebeugt kämpft sie sich durch eine freudlose Gegenwart. Meine Nachbarin ist ständig krank.

Meine Zukunft kann ich nur jetzt gestalten.
Was ich heute denke und fühle,
prägt mein Leben von morgen

Ich habe kürzlich ein Buch gelesen, in dem es darum ging, dass der Verstand uns manchmal grausam täuscht. Er bringt uns dazu, der Vergangenheit nachzuhängen oder uns um die Zukunft zu sorgen und darüber das Leben zu versäumen. Der Verstand strebt nach äußerer Macht, er will Sicherheit, Geld, Image, Besitz, Anerkennung. Verlieren wir Sicherheit, Geld, Image, Besitz und Anerkennung, büßen wir unsere Macht ein. Identifizieren wir uns mit diesen Dingen, verlieren wir uns selbst, sobald uns diese Dinge abhanden kommen. Aus diesem Grund zählt letztlich nur die Macht über uns selbst, und die wiederum kommt von innen.

Unser Herz hat kein Verlangen nach äußeren Werten. Es sorgt sich nicht um Sicherheit, Geld, Anerkennung oder Image, es kennt deshalb auch keine Zukunftsängste, kein Misstrauen, keine Sorgen. Das Herz lebt im Augenblick, weil genau dort das Leben stattfindet.

Meine Nachbarin hat in ihrem Leben nur selten auf ihr Herz gehört. Sie lebte die letzten 30 Jahre ihres Lebens einsam, isolierte sich zunehmend von ihrer Umwelt, wurde misstrauisch und gibt sich ihren Ängsten hin. Sie leidet seit Jahren unter Schmerzen, ihr Leben beschreibt sie als ein Jammertal. Kein einziges Mal wäre sie auf die Idee gekommen, dass ihr Schicksal mit ihrer Lebenseinstellung zu tun haben könnte.

Egal, ob ein Mensch sich nach vergangenen Zeiten sehnt oder auf eine bessere Zukunft wartet – in beiden Fällen beraubt er sich der Kraft der Gegenwart, die er für ein aktives, erfülltes Leben dringend braucht.

Wenn wir uns in plastischen Farben ausmalen, was uns alles zustoßen könnte, erzeugen wir Zukunftsängste. Wir produzieren ein Unwohlsein in unserem Körper und provozieren die Ausschüttung von Stresshormonen. Und das alles wegen Gedankengebilden. Unser Körper, durch das Adrenalin in Alarmbereitschaft versetzt, wartet auf den Befehl des Verstandes, zu handeln, aber der kommt nicht, weil real ja gar nichts existiert, gegen das man vorgehen könnte. Fazit: Mit einer erdachten Situation können wir nicht umgehen. Was also erreichen wir mit Zukunftsangst? Nichts – außer, dass wir vielleicht unsere Gesundheit ruinieren.

Mit der Zukunft können wir nichts anfangen, weil sie noch nicht da ist. Wir sind außerstande zu handeln. Wir müssen es auch nicht. Mit Hilfe Ihres Lebens-Zeit-Bewusstseins lernen Sie darauf zu vertrauen, dass die Lösungen sich ergeben, wenn sie anstehen. Dann werden Sie auch die Kraft haben, Entscheidungen zu treffen. Im richtigen Augenblick werden Ihnen die Möglichkeiten zur Verfügung stehen, die Sie brauchen. Dann – nicht früher und nicht später. Jetzt müssen Sie sich nur um das kümmern, was in diesem Augenblick ansteht.

Warten Sie auch?

Ich habe einen großen Teil meiner jungen Jahre damit verbracht, auf das Eigentliche zu warten. In der Zeit Anfang, Mitte 20, als ich meine erste Wohnung hatte und anfing, mein Leben nach eigenen Vorstellungen zu gestalten, ertappte ich mich oft bei dem Gefühl, das dies alles noch nicht »gilt«. Als müsse noch etwas kommen, das meinem Leben den Echtheitsstempel verpasst. Was war nun dieses Eigentliche, auf das ich wartete? Damals habe ich das Gefühl nicht zu Ende erforscht, heute ist mir klar: Ich wartete auf eine Lösung von außen. Mein damaliges Leben war mir zu klein, zu eng, zu wenig. Ich spürte meine Kraft, mein Potenzial, hatte hochfliegende Pläne, doch all das schien mir alleine nicht realisierbar. »Du bist ein Schmetterling, dem alle versuchen, die Flügel zu stutzen«, sagte damals ein Freund zu mir. Manchmal war die Enttäuschung, dass das Leben für mich nicht anfing, so stark, dass ich mich in eine Nebelblase aus Trauer, Traum und Trance zurückzog.

Rückblickend kann ich heute sagen, dass ich in meinen blühendsten Jahren am unglücklichsten war. Das Gefühl, »nicht eigentlich« zu leben, dominierte meine gesamte Studienzeit. Immer wieder ertappte ich mich dabei, auf die Rettung von außen zu warten. Wie die meisten jungen Frauen hoffte ich natürlich, dass das Ereignis in Gestalt eines schönen, reichen Mannes auftauchen würde, um mein Leben in ein sinnvolles Dasein zu verwandeln. Aber es passierte nichts. Stattdessen trennte sich mein Freund von mir mit dem Satz, ich solle erst mal zu mir selbst finden.

Nun kann ich von Glück sagen, dass der Zustand des Wartens bei mir kurze Zeit später ein Ende hatte. Manche Menschen warten ihr ganzes Leben lang, dass ihr Leben anfängt. Warten als Geisteshaltung ist den meisten von uns wohl vertraut. Wie viele Jahre verbringen wir damit, einfach in einer passiven Wartestellung auszuharren! Da gibt es das so genannte »kleine Warten«, bei dem wir in einer Schlange vor der Supermarkt-Kasse stehen, im Stau feststecken oder vor dem Einlass zu einem Konzert. Beim »großen Warten« hoffen wir auf bessere Zeiten, auf eine bessere Wirtschaftskonjunktur, auf einen Karrieresprung, auf den Traumpartner. Wir warten auf eine Erbschaft, auf einen Lottogewinn. Es gibt unzählige Dinge, auf die wir warten können. Währenddessen begeben wir uns in eine Art Dämmerschlaf und schalten unsere Lebensenergie auf Sparflamme. Nur manchmal stellen wir mit Staunen fest, dass andere Menschen ein Leben unter ganz ähnlichen Umständen führen und es zu genießen scheinen.

Warten ist eine Lebenseinstellung. Wir ersehnen die Zukunft, während wir die Gegenwart ablehnen. Wir sind nicht mit dem zufrieden, was wir haben, sondern wünschen uns, was wir nicht haben. Damit erzeugen wir einen Dauerkonflikt, der unsere Lebensqualität sehr stark mindert. Wir fühlen uns ständig unglücklich und hindern uns daran, unser Leben anzunehmen, wie es ist.
Da wir aus unserer Einstellung zum Heute auch unsere Zukunft erschaffen, kreieren wir uns mit dem Warten eine Zukunft, die wir genau so wenig mögen wie die Gegenwart.

Gehören Sie zu den Menschen, die von einer besseren Zukunft träumen? Vielleicht sagen Sie oft Sätze wie »Ich werde mir das Leben schöner machen, wenn die Kinder aus dem Haus sind!«. Oder: »Sobald ich diese stressige Zeit hinter mir habe, kümmere ich mich mehr um Sport und Fitness.« Oder: »Wenn ich diesen Job bekomme und mehr Geld verdiene, kann ich endlich anfangen, meine Träume zu verwirklichen.« Während Sie so in Wartestellung verharren, kann es passieren, dass das Leben nicht auf Sie wartet.
Aus diesem Grund sollten wir uns regelmäßig unsere Endlichkeit vor Augen halten. Wir entehren uns selbst, wenn wir uns weigern, der Gegenwart ihren gebührenden Raum zu geben und sie in vollen Zügen auszukosten. Manche Menschen, die heute Morgen erwacht sind, werden den Abend nicht mehr erleben. Auch sie hatten große Pläne für die berühmte Zeit danach.

Geben Sie die Haltung des Wartens auf

Immer, wenn Sie sich dabei erwischen, dass Sie auf etwas warten, sollten Sie etwas tun, um sich aus Ihrer Haltung herauszureißen. Werden Sie sich bewusst, wo Sie sich befinden und fühlen Sie, dass Sie lebendig sind. Im Augenblick zu sein, ist immer mit Freude verbunden. Und wer sich freut, hat keinen Grund, auf etwas zu warten.

> *Wenn Sie das nächste Mal in einer Warteschlange stehen oder im Stau und spüren, wie Langeweile oder Unwohlsein aufkommen, machen Sie sich klar, dass dies nur Zeichen Ihrer Nicht-Gegenwärtigkeit sind. Sagen Sie sich: Ich stehe hier inmitten von Menschen, und ich freue mich. An mir. Wenn Sie im Auto sitzen, drehen Sie das Radio an und singen Lieder mit, oder sitzen Sie ganz ruhig und werden sich bewusst, was Sie in diesem Augenblick sehen, spüren, fühlen. Seien Sie dankbar, dass Sie leben. Wenn Sie keine Schmerzen haben und gesund sind, freuen Sie sich daran, dass Sie keine Not leiden, nicht hungern müssen. Mit diesen Gedanken schaffen Sie eine angenehme Stimmung.*

Das vielleicht größte Geschenk
an uns Menschen
ist die freie Entscheidung darüber,
welche Gedanken und Einstellungen
wir in unseren Geist
einlassen wollen
(Gerald Jampolsky)

Da ich aufrichtig glaube,
dass meine Gedanken
die Wirklichkeit erschaffen,
werde ich nur noch
liebevolle Gedanken
hervorbringen.
(Gerald Jampolsky)

Warum meditatives Leben glücklich macht

Eine der besten Übungen, die Kraft der Gegenwart zu spüren, ist Meditation. Letztlich übt man dabei nichts anderes als Körper und Geist im Hier und Jetzt zu erforschen. Man führt einen Zustand der Stille herbei, indem nichts anderes Gültigkeit hat als Stille. Stellen Sie sich ein drehendes Rad vor. Außen auf den Speichen herrscht viel Bewegung. Das ist unser Alltag. Wir erleben Frustration, Hektik, Lärm, Reizüberflutung, Zeitdruck – der ganz normale Stress eben. Gehen Sie nun aber zum Mittelpunkt des Rades, dort herrscht tiefe Stille. Alles ist richtig, nichts muss getan, nichts hinzugefügt werden. Der Weg von den Speichen zum Zentrum – das ist Meditation. Der Begriff leitet sich übrigens aus dem lateinischen Wort »meditatio« ab, was in die Mitte gehen bedeutet. Wir versinken in uns selbst und treten in einen Bewusstseins-Zustand ein, in dem wir uns von der Bühne des Lebens in den Zuschauerraum begeben. Entspannt beobachten wir aus unserem Sessel heraus die Gedanken und Gefühle, nehmen sie zur Kenntnis und lassen sie weiterziehen. Als Beobachter seiner selbst wird man gelassen, tankt Kraft und Konzentration für den Alltag. Die Quelle, aus der man dabei schöpft, ist die Stille im eigenen Inneren. Wer häufig meditiert, findet bei seiner Reise nach innen Antworten auf grundlegende Fragen wie: Wer bin ich, was will ich, was ist mir im Leben wichtig? Die Reise ins eigene Innere kann ungeheuer spannend sein, und sehr oft werden wir dabei reich belohnt, denn wir lernen Achtsamkeit uns selbst und der Umwelt gegenüber, Bewusstheit, Gesundheit, Gelassenheit, Lebensfreude, Zufriedenheit – ja und wir lernen auch das stille Glück kennen, das die Menschen kennzeichnet, die in sich ruhen.

In der Stille der Meditation kommen wir mit dem innersten Kern in Berührung, der frei von jeglichem Stress ist. Je nach Religion oder Weltbild nennt man diesen Kern entweder Bewusstsein, göttlichen Funken, Leere, höheres Selbst oder Intuition. In

der Meditation gibt es keine Vergangenheit und keine Zukunft. Es zählt nur der Augenblick.
In den nächsten Kapiteln werde ich Sie immer wieder zu einer meditativen Übung einladen, damit Sie das Gefühl, im Augenblick zu sein, direkt am eigenen Körper erfahren können. Wenn Sie diese Übungen mitmachen möchten, was ich Ihnen sehr empfehle, schlage ich Ihnen vor, sich eine feste Meditationsecke in Ihrer Wohnung einzurichten.

Ein Platz für mich allein

Meditation und Schönheit gehören zusammen. Suchen Sie sich einen Ort, an dem Sie sich besonders wohl fühlen und richten Sie sich diesen so ein, wie er Ihnen gefällt. Eine Kerze sollte dort auf jeden Fall stehen, vielleicht auch eine Vase mit Blumen und ein kleines Arrangement aus Ihren Lieblingssteinen oder anderen, persönlichen Gegenständen. Auf diese ganz unspektakuläre Art schaffen Sie sich einen kleinen Hausaltar, zu dem es Sie immer wieder hinziehen wird. Ihr Platz muss nicht groß sein, aber er braucht klare Abgrenzung und Schutz. Egal, ob Sie im Gehen, Sitzen, Stehen oder Liegen meditieren, wählen Sie immer den gleichen Platz.
Ein wichtiges Utensil ist eine weiche Unterlage, auf der Sie sitzen oder liegen können – zum Beispiel eine dicke Decke oder eine Schaumstoffunterlage. Und Sie brauchen ein Meditationskissen oder ein -bänkchen, einen Umhängeschal oder eine Decke und warme Socken.
Wenn Sie noch nie meditiert haben, sollten Sie zu Beginn verschiedene Meditationshaltungen ausprobieren und sich irgendwann für eine davon entscheiden. Wenn Sie nicht sehr beweglich sind, ist das Sitzen auf dem Stuhl die beste Möglichkeit. Wählen Sie einen Stuhl mit gerader Rückenlehne, auf dem Sie aufrecht sitzen können und Ober- und Unterschenkel etwa im 90-Grad-Winkel zueinander stehen. Wichtig ist, dass die Füße entspannt und mit der ganzen Sohle auf dem Boden

aufliegen. Um zu verhindern, dass Sie kalte Füße bekommen, sollten Sie sich entweder eine Decke unterlegen oder Socken anziehen.

Zur Meditation auf dem Boden brauchen Sie eine Wolldecke oder eine gefütterte Meditationsmatte und ein Meditationskissen oder eine Meditationsbank. Probieren Sie aus, in welcher Sitzposition Sie sich am wohlsten fühlen. Der Körper wird im Schneidersitz anders belastet als beim Knien auf einem Bänkchen oder einem hohen Kissen. Die einfachste Haltung ist übrigens der einfache Schneidersitz. Dazu legen Sie die Füße locker voreinander, also nicht gekreuzt. Zu Beginn könnte es bequemer sein, wenn Sie unter die Knie je ein Kissen legen, mit der Zeit werden Bänder und Sehnen aber nachgeben und Sie werden die Stützkissen nicht mehr brauchen.

Eventuell brauchen Sie am Steiß eine Verstärkung, legen Sie zur Probe eine zusammengefaltete Decke oder ein Meditationskissen unter. Sie selbst entscheiden, wie hoch Ihre Unterlage sein soll, die Beine müssen nur bequem auf dem Boden liegen können. Wenn Sie gelenkig sind, können Sie auch den Lotussitz probieren. Beim halben Lotussitz liegt nur ein Fuß auf dem Oberschenkel, beim ganzen Lotussitz sind die Beine so gekreuzt, dass beide Füße mit den Fußsohlen nach oben auf den Schenkeln ruhen.

Vielleicht fühlen Sie sich beim Knien auf einer Bank oder einem höheren Kissen wohler. Probieren Sie hier aus, wie stark Ihre Knie durch diese Stellung belastet werden. Wichtig ist bei allen Positionen, dass Sie für längere Zeit eine entspannte und aufrechte Haltung einnehmen können. Um alle Positionen einmal durchzuprobieren, können Sie anfangs auf einer zusammengerollten Wolldecke ausprobieren, welche Sitzhöhe für Sie am günstigsten ist. Als Faustregel gilt: Je größer Sie sind, desto mehr Sitzhöhe brauchen Sie.

Die optimale Meditationshaltung ist weich und aufrecht zugleich. Stellen Sie sich vor, dass Ihre Rückenwirbel wie eine

Sonnenblume nach oben in Richtung Sonne streben. Um den Kopf gerade zu halten, hilft mir persönlich am besten das Bild des Fadens: Er ist am Scheitelpunkt befestigt und mit einem Haken am Himmel eingehängt. Bei dieser Vorstellung sinkt das Kinn automatisch leicht nach unten und der Scheitelpunkt richtet sich nach oben. Wenn Sie beim Sitzen oft ins Hohlkreuz fallen, sollten Sie sich während des Meditierens immer wieder daran erinnern, die Muskeln rechts und links der Lendenwirbel zu entspannen und den Nabel in Richtung Wirbelsäule zu orientieren. Auf jeden Fall sollten Sie während der gesamten Übungszeit immer wieder das entspannte Aufgerichtet-sein neu anpeilen. Die Hände und Arme legen Sie in der Haltung ab, die Ihnen am besten behagt. Sie können zum Beispiel beide Hände auf den Oberschenkel oder Knien ruhen lassen, die Handflächen vor dem Bauch ineinander legen oder die Hände falten. Ich rate Ihnen, die Augen beim Meditieren zu schließen, weil Sie damit am schnellsten Distanz zum äußeren Geschehen finden. Falls Sie dazu neigen, schnell einzuschlafen oder wegzudösen, können Sie auch die Augen einige Millimeter geöffnet halten und den Blick vor sich auf den Boden richten, ohne dabei etwas anzuschauen. Der Blick sollte weich und gleichzeitig nach innen und nach außen gerichtet sein.

Anfangs wird es Ihnen helfen, Beginn und Ende Ihrer Meditation mit einem Ritual zu definieren. Sie können mit einer Zimbel oder einer Klangschale einen Ton anschlagen oder sich ganz einfach aus Respekt vor der Meditation verneigen. Wenn Sie es noch einfacher mögen, verneigen Sie sich vor dem Leben. Entscheidend ist, dass Sie Ihre kleine Geste haben, mit der Sie beschließen, wann Sie in die Stille gehen und wann Ihr Schweigen vorbei ist.

Unser Atem ist immer richtig

Das einfachste, wichtigste und immer richtige Meditationsobjekt ist der Atem. Er ist das stärkste Symbol der Gegenwärtigkeit, unser bester Bezugspunkt, der uns immer wieder zu dem führt, was wirklich ist. Mit dem Atem gehend können wir nicht anders als ganz im Moment zu sein. In der Achtsamkeitsmeditation ist das bewusste Erleben des Atems die zentrale Übungsaufgabe, weil sich im Atem das ganze Dasein spiegelt. Die folgende kleine Meditation ist für Anfänger genauso geeignet wie für Fortgeschrittene, für Gesunde, Kranke, Schwangere, Berufstätige und Kinder.

Nehmen Sie Ihre Meditationshaltung ein, schließen Sie die Augen und richten Sie Ihre Aufmerksamkeit auf das Ein- und Ausatmen. Atmen Sie durch die Nase ein und auch wieder aus. Der Mund bleibt dabei geschlossen, der Kiefer ist locker und entspannt. Zählen Sie innerlich die Atemzüge, indem Sie beim Einatmen »eins« und beim Ausatmen »zwei« sagen. Sie können auch »ein und aus« sagen. Wichtig ist die rhythmische Wiederholung des inneren Gedankens. Spüren Sie, wie die Luft in den Körper ein- und ausströmt, das ist alles, womit Sie sich jetzt befassen müssen. Wenn Sie zum ersten Mal meditieren, bleiben Sie etwa fünf Minuten dabei, als Fortgeschrittener bis zu 15 Minuten. Dann beenden Sie Ihre Meditationssitzung mit Ihrem persönlichen Ritual.

Kapitel 2
Lebe achtsam, werde sanft

Lesen Sie, was Achtsamkeit mit Liebe zu tun hat und wie ein Leben mit wachen Sinnen Sie in einen »reichen« Menschen verwandeln kann.

Achte den Augenblick, mehr hast du nicht

»Was ist schon ein Augenblick?« fragte der Schüler seinen Meister. »Er ist alles, was du hast!«, sagte dieser, »Gehe also achtsam mit ihm um.«

Seit Jahrtausenden beschäftigen sich Philosophen, Weise, kluge und weniger kluge Menschen mit der Zeit. Doch bis heute ist es noch keinem gelungen, dieses Rätsel zu lösen.

Wie Sie bereits gemerkt haben, nähere ich mich dem Thema auf eine meditative Art. Aus dem Blickwinkel des Meditierenden gibt es keine Zeit. Zeit ist das, was wir uns mit dem Verstand zurechtgelegt haben, um unsere Erfahrungen und unsere Gedanken einzuordnen. Zeit ist nichts anderes als ein Mittel, um Vergangenheit und Zukunft zu beschreiben. Natürlich können wir damit auch praktischer leben, unseren Tag einteilen und technische Fortschritte machen. Mit Hilfe der Zeit verstehen wir Geschichte, können physikalische und mathematische Formeln erfinden, wir können in Raketen steigen und den Mond besuchen. Zeit hilft uns, den Raum und die Geschwindigkeit zu berechnen. Sie ist ein Machtmittel, um die Natur zu erobern, Herr über Leben und Tod zu werden. Und sie ist eine wunderbare Erfindung, um Personen wie Sie und mich im Alltag unter Druck zu setzen oder in Not geraten zu lassen.

> *Ich bin eine Anhängerin der Idee, dass Zeit nicht existiert. Sie ist eine Konstruktion des menschlichen Gedankenapparates, um die Welt zu erklären und zu kontrollieren.*

Wenn Sie mir bis hierher gefolgt sind, werden Sie vielleicht verstehen, warum wir Menschen uns so schwer damit tun, Vergangenheit oder Zukunft sinnlich zu begreifen: Wir können es nicht! Zeit – und damit meine ich Vergangenheit und Zukunft – ist eine Theorie, geboren in der Instanz unseres Verstands. Und je nachdem, wie gut oder schlecht wir uns in das Phänomen hineindenken können, gelingt es uns besser oder schlechter, die Idee der Zeit nachzuvollziehen.

»Wie sieht die Zeit aus?«, fragte ein Lehrer seine Schüler. »Wie Tag und Nacht«, meinte einer. Ein anderer: »Wie der Wechsel der Jahreszeiten.« Ein dritter: »Wie das Leben.« Einer aber sagte: »Die Zeit gleicht einem Wasserfall. Es ist immer neues Wasser, das in die Tiefe stürzt, doch der Wasserfall bleibt stets der Gleiche.«

Begreifen oder erfahren können wir Zeit also nicht. Wir müssen uns Bilder oder Gleichnisse zurechtlegen oder Messinstrumente wie die Uhr benutzen. Das Einzige, was wir wirklich wahrnehmen, ist der Augenblick. Nur er wird für uns fassbar, weil wir ihn mit unseren Sinnen begreifen.
Und nun versuchen Sie bitte einmal, den Augenblick mit Ihrer analytischen Intelligenz zu verstehen. Versuchen Sie, gedanklich zu erfassen, was der Moment ist. Auch diese gedankliche Übung wird ihnen möglicherweise Schwierigkeit bereiten. Schon wenn Sie nach Begriffen suchen, um das Phänomen einzukreisen, tun Sie sich schwer. Sie werden Worte finden, mit denen Sie Ihre Empfindungen beschreiben, also das, was Sie mit Ihren Sinnen wahrnehmen. Und da wären wir wieder bei meiner These: Das einzige, was wir wirklich sinnlich begreifen und erfassen können, ist die Gegenwart. Indem wir hören, sehen, Dinge ertasten und unseren Körper spüren, begreifen wir, dass wir existieren. Durch unsere Sinne wird der Moment zur Wahrheit.

Zeit können wir nur verstehen.
Den Augenblick können wir nur erfahren.

Verstand und sinnliche Wahrnehmung – das sind zwei ganz unterschiedliche Instanzen. Mit der einen nähern wir uns dem Phänomen der Zeit, mit der anderem dem Augenblick.

Liebe kennt nur den Moment

Ich habe im ersten Kapitel schon einmal kurz erwähnt, dass das Herz keine Vergangenheit und keine Zukunft kennt. Es lebt nur im Augenblick. Wenn Sie also lernen wollen, im Augenblick zu leben, müssen Sie aus dem Herzen heraus agieren und reagieren. Lachen Sie einmal aus vollem Herzen. Können Sie dabei an die Vergangenheit denken oder sich Zukunftssorgen machen? Seien Sie mit ganzem Herzen bei einer Sache – beim Kochen, Schreiben, Gärtnern oder wobei auch immer. Gelingt es Ihnen dabei, sich wegen Fehlern Vorwürfe zu machen, die weit in der Vergangenheit zurückliegen oder sich mit Schuldgefühlen zu belasten? Natürlich nicht. Sobald wir etwas mit ganzem Herzen tun, sind wir in der Gegenwart. Wir fühlen uns leicht und frei, denn wir spüren die Last vergangener Zeiten nicht. Wozu auch!
Menschen, die aus dem Herzen heraus leben, sind frei von Vorurteilen, Beurteilungen und Verurteilungen. Sie gehen auf eine fremde Person mit einer herzlichen Offenheit zu und spüren dabei Ihre gegenseitige Verbindung. Jeder neue Mensch ist für sie ein unbeschriebenes Blatt. Was für sie zählt, ist nur die Erfahrung, die sie in der Gegenwart machen. Wer den Augenblick mit dem Herzen erlebt, interessiert sich nicht für Vergangenheit oder Zukunft.

Die Gegenwart leben heißt,
das Leben mit Liebe zu füllen.

Sich seiner Lebens-Zeit bewusst zu sein, heißt also, liebevoll zu leben. Die Liebe, die ich hier meine, beschränkt sich selbstverständlich nicht nur auf die Beziehung zwischen Mann und Frau. Sie existiert auch zwischen Mutter und Kind, innerhalb der Familie, unter Freunden, zwischen Gesunden und Kranken, ja – diese Art von Liebe ist unter allen Menschen möglich. Sie können Liebe sogar einer Person gegenüber entwickeln, die Ihnen nicht sympathisch ist.

Kein Freund, kein Feind, ein Mensch

Eine ehemalige Freundin von mir, die tagtäglich mit vielen Leuten auskommen muss, motiviert sich bei unangenehmen Begegnungen gerne mit folgendem Satz: »Er ist kein Freund, er ist kein Feind – er ist ein Mensch.« Mit dieser Haltung gelingt es ihr, jedem gegenüber eine neutrale Haltung einzunehmen, ihm mit Würde und Respekt gegenüberzutreten und Feindseligkeit gar nicht erst entstehen zu lassen. Ich praktiziere diese Übung nun auch schon eine geraume Weile und habe die besten Erfahrungen damit gemacht. Der Satz wirkt wie ein Mantra, das negative Emotionen im Keim erstickt. Vielleicht haben Sie Lust, es auch einmal auszuprobieren? Wenn Sie wieder einmal einer Person gegenüber Ressentiments entwickeln, sagen Sie ganz ruhig zu sich: »Er ist kein Freund, er ist kein Feind, er ist ein Mensch.« Das ist gelebte Liebe.

Für mich gehört es zu den Wundern des Lebens, dass, sobald ein Mensch Liebe entwickelt, diese wie von alleine zu wachsen beginnt. Es liegt in der Natur der Liebe, sich auszudehnen und zu vermehren. Und ich wünsche auch Ihnen, dass Sie dieses Phänomen mit wachsendem Lebens-Zeit-Bewusstsein erfahren. Beginnen Sie aber bitte zuerst damit, sich selbst zu lieben und zu achten. Erst dann kann sich diese Haltung auf Ihre Beziehungen zu Ihren Mitmenschen übertragen, auf Ihre Beziehung zur Umwelt und zur gesamten Natur. Wer die Menschen liebt, liebt ihre Wiege, er achtet ihren Schöpfer, alles Leben auf diesem Planeten, alles Leben schlechthin. Sobald wir uns in der Kunst üben, den Augenblick zu leben, entwickelt sich die Liebe wie von selbst.

Ich bin sehr viel mit Menschen zusammen, die sich der Achtung vor der Natur und dem Menschen verschrieben haben. Was immer sie von ihrer Persönlichkeit und ihrer politischen Gesinnung her unterscheidet, eines haben alle gemeinsam: einen liebevollen Umgang mit Mensch und Tier, ein geschultes Ernährungsbewusstsein und eine offene, vertrauensvolle und positive Lebenseinstellung.

Die Seligkeit eines Augenblicks
verlängert das Leben um tausend Jahre
(Chinesisches Sprichwort)

Achtsamkeit müssen Sie nicht verstehen

Sie erinnern sich an das Beispiel mit der Kerze? Im letzten Kapitel habe ich Ihnen erklärt, dass es zwei Wege gibt, sie zu löschen. Man kann sie auspusten oder den Docht liebevoll ins flüssige Wachs tauchen und wieder aufrichten. Die eine Herangehensweise ist achtlos, die andere achtsam. Ähnlich wie Glück und Gelassenheit ist auch Achtsamkeit ein inflationär benutzter Begriff. Manchmal habe ich den Verdacht, dass wir gerade deswegen so oft darüber reden oder schreiben, weil wir ihn nicht verstehen. Achtsamkeit, so definiert es die Meditationslehre, ist eine erhöhte Form der Aufmerksamkeit. Wenn mir bewusst ist, dass ich aufmerksam bin und genau weiß, worauf sich meine Aufmerksamkeit richtet, bin ich achtsam.
Ich bin der Meinung, dass es nicht nötig ist, Achtsamkeit bis ins Detail zu analysieren oder zu verstehen. Sie will viel mehr erfahren werden, durch praktische Übung an jedem einzelnen Tag.

Achtsamkeit ist nur in der Gegenwart möglich. Sie ist bereit, uns in jedem Moment neue Details über das Leben zu erschließen.

Die ganz normale Aufmerksamkeit steht uns allen tagtäglich zur Verfügung. Wir brauchen sie, um über die Straße zu gehen, um eine Arbeit gut zu machen, bei allen Tätigkeiten, die Konzentration erfordern. Aufmerksamkeit ist pure geistige Energie, sie erhellt wie ein Lichtstrahl alles, worauf wir sie richten. Mit unserer Aufmerksamkeit reichen wir unsere Kraft weiter und schenken unsere Energie einem Objekt, einer Person, einem Thema. Ich schenke dem Schreiben dieses Buches meine gesamte geistige Kraft. Dass ich dabei eine Menge Energie verbrauche, merke ich daran, dass ich an meinen Schreibtagen ständig Hunger habe und trotz guter Ernährung immer einige Pfunde abnehme. Künstler, die auf der Bühne stehen, genießen es, in der Aufmerksamkeit Ihres Publikums zu baden. Die Energie beflügelt sie, in ihren Leistungen über sich hinauszuwachsen.

Betörender als der materielle Gewinn ist der Reichtum der Aufmerksamkeit.

Doch ähnlich wie körperliche Energie verbraucht, erneuert sich auch unsere Aufmerksamkeit. Nach einem langen Arbeitstag können wir unserer Familie oder dem Partner oft nicht mehr das Maß an Aufmerksamkeit schenken, das sie verdient hätten. Wenn wir lange Auto fahren, verringert sich die Aufmerksamkeit, körperlicher Schmerz verzehrt sie, und wenn wir seelisch leiden, fehlt uns die Kraft, alltäglichen Vorgängen die nötige Aufmerksamkeit zu widmen. Dann beginnen wir zu schludern, machen Fehler, vergessen wichtige Dinge und können nicht mehr richtig zuhören. Wir spüren nicht, was wir in Händen halten und schneiden uns in den Finger. Wir sehen nicht mehr, was vor uns liegt und stolpern über den Teppichrand oder stoßen uns den Kopf am Türrahmen. Wir verletzten Menschen, die wir lieben, mit unachtsamen Worten.

Aufmerksamkeit ist die Kraft, die über die Qualität unseres Lebens entscheidet. Mit dem Gebrauch unserer Aufmerksamkeit treffen wir eine Wahl – unabhängig davon, ob dies uns bewusst ist oder nicht.

Sitzen Sie abends stundenlang vorm Fernseher und zappen sich durch das Fernsehprogramm? Das ist vergeudete Aufmerksamkeit. Schenken Sie Menschen Ihre Aufmerksamkeit, die Sie nerven, ärgern oder quälen? Beschäftigen Sie sich häufig mit Themen, die Sie geistig herabziehen? Schauen Sie sich Horrorfilme an, sind Sie in negative Gefühlsbeziehungen verstrickt? Bedenken Sie, dass Sie Ihre kostbare, geistige Energie dabei verschenken. Doch es gibt auch positive Beispiele. In der Umgebung von Menschen, die bewusst damit umgehen, potenziert sich Aufmerksamkeit. Wenn Sie also viel mit Freunden zusammen sind, die sich auf einem hohen Bewusstseinsniveau bewegen, werden Sie selbst dadurch wacher.
Der Unterschied zwischen Aufmerksamkeit und Achtsamkeit liegt in der Bewusstheit der Sinneswahrnehmung. Wir können einen Apfel essen und dabei merken, dass er uns schmeckt. Den gleichen Apfel können wir aber auch ganz bewusst essen. Dann wissen wir, dass wir unsere volle Aufmerksamkeit dem Genuss des Apfels widmen und mit all unseren Sinnen dabei sind. Wir schmecken noch deutlicher, kauen noch intensiver, hören auf das knackige Geräusch beim Hineinbeißen. Der Schlüssel zur Achtsamkeit liegt also in der Qualität der Aufmerksamkeit, die wir jedem Moment entgegenbringen.
Doch wann schaffen wir es schon, uns im normalen Alltag ganz bewusst einem einzigen Objekt zu widmen? In unserer reizüberfluteten Umwelt strömen viele Sinnesreize gleichzeitig auf uns ein und überfordern unsere Aufnahmekapazität. Wir besitzen von Natur aus nun mal nicht die Fähigkeit, gleichzeitig stattfindende Sinnesreize gleich gut aufzunehmen. Sie merken ja selbst, was passiert, wenn Ihre Augen und Ohren mit Bildern und Tönen »überfüttert« werden: Sie schalten ab. Die Ohren sind auf Durchzug gestellt, die Augen sehen zwar, aber schauen nirgendwo mehr hin. Das ist der Beginn eines Abstumpfungs-Prozesses, bei dem wir uns irgendwann verlieren. Tatsächlich geht uns das Gespür für uns selbst verloren. Fragen Sie einen Men-

schen, der acht Stunden vor dem Fernseher verbracht hat, wie er sich fühlt. Er wird es nicht wissen.

Der Königsweg zur eigenen Mitte

In meinen Augen ist Achtsamkeit die beste Sinnesschule, die es gibt. Sie ist der Königsweg, um in den Körper zurückzukehren und aus dem Prozess auszusteigen, der uns immer weiter von uns selbst entfernt. Kommen Sie also wieder zu sich. Dahin, wo Sie hingehören: in die eigene Mitte.

In meinen Seminaren sind manchmal Menschen zu Gast, die ihre Sinnlichkeit vollkommen verloren haben. Ich merke das daran, dass sie sich ungeschickt bewegen, sich nicht angemessen benehmen, keinen »Riecher« für eine Situation haben oder keine Zwischentöne wahrnehmen. Um bei solchen Teilnehmern die Feinwahrnehmung zu stimulieren, bitte ich sie, einfach nur ihre Sinneseindrücke getrennt wahrzunehmen und zu registrieren: Das fühle ich, das höre ich, das rieche und das spüre ich, das sind meine Gedanken.

Wenn Sie mögen, können Sie das auch einmal probieren.

> *Legen Sie das Buch kurz zur Seite und halten Sie einige Sekunden inne. Was sehen, was hören, was riechen Sie, wie fühlen Sie sich? Versuchen Sie, Ihre Wahrnehmungen nicht zu bewerten, sondern nur zur Kenntnis zu nehmen.*

Ich halte diese kleine Übung für äußerst effektiv, weil sie uns zwingt, ganz bei uns und ganz im Augenblick zu verweilen. Gibt es etwas Simpleres als täglich ein paar Sekunden innezuhalten und in sich hineinzuhorchen? So einfach nehmen Sie die erste Stufe zur Achtsamkeit. Wenn Sie diese kleine Momentaufnahme regelmäßig machen, merken Sie bald, dass Sie immer wacher werden. Es kann passieren, dass Ihre Sinne sich so schärfen, dass

Sie eines Tages förmlich hören können, wie die Zimmerpflanze nach Wasser ruft – oder Sie intuitiv spüren, was ein Mensch sagen will, auch ohne Worte.

Wenn die Kraft der Achtsamkeit
und des mitfühlenden Zuhörens in dir ist,
kann deine Gegenwart
eine heilende und beruhigende Wirkung
auf andere ausüben.
Du brauchst nur dazusitzen
und dem Menschen,
der sich dir anvertraut, zuzuhören.
(Thich Nhat Hanh)

Sobald wir unser Leben mit Achtsamkeit anfüllen, sensibilisieren sich unsere Sinne. Dabei nehmen wir aber nicht nur unsere äußere Welt feiner wahr, sondern auch unsere innere. Wir beginnen zum Beispiel, für unsere eigenen Bedürfnisse mehr Gespür zu entwickeln. Das fängt bei ganz kleinen Dingen an. Wenn wir Stille brauchen, stellen wir das Radio aus. Wenn wir Hunger haben, essen wir nur so lange, bis wir ein Sättigungsgefühl spüren. Beim Sport überanstrengen wir uns nicht, bei der Arbeit erkennen und akzeptieren wir unsere Grenzen. Oder wir legen uns wirklich mal aufs Ohr, wenn wir uns müde fühlen. Wie sehr wir es gewohnt sind, unsere Körpersignale zu ignorieren, merken wir bereits am Kaffeekonsum, mit dem wir jeden Anflug von Müdigkeit überspielen.

Achtsamkeit geht also einher mit einer verschärften Außen- und Innenwahrnehmung. Ich kann Ihnen aus Erfahrung bestätigen, dass es eine überaus lohnende Mühe ist, seine Sinne zu sensibilisieren. Feinsinnig zu sein, bedeutet, »reich« zu sein, reich an Empfindungen, reich an Gefühlen, reich an Erlebnissen.

Ein mit allen Sinnen achtsam gelebtes Leben ist nicht nur eine gute Gesundheitsvorsorge, sie kann auch tief greifende Heilprozesse von Körper, Geist und Seele einleiten. Nicht von ungefähr haben die meisten Psychologen und Psychotherapeuten die Achtsamkeit zu einem Bestandteil ihrer Therapie gemacht. Mit Hilfe dieser Bewusstseinsschule lernen die Patienten, wieder in Kontakt mit ihren eigenen Gefühlen und Bedürfnissen zu kommen.

Alles akzeptieren, wie es ist – alles!

Alles ist, wie es ist. Das ist einer der Kernsätze der Achtsamkeit. Hier geht es darum, Eindrücke, Gefühle und Wahrnehmungen erst zu registrieren und dann zu akzeptieren. Damit lernt man eine besondere Form von Gelassenheit, nämlich die Kunst, die Dinge so zu lassen, wie sie sind. Versuchen Sie einmal, etwas, das Ihnen total gegen den Strich geht, zu akzeptieren! Unser westlicher Geist, der gewohnt ist, Dinge zu verändern, die ihm nicht passen oder so lange zu manipulieren, bis sie ihm erträglich scheinen, findet diese Aufforderung geradezu unmöglich.

Trotzdem rate ich Ihnen, sich mit dieser geistigen Einstellung anzufreunden und Ihren inneren Widerstand aufzugeben. Es könnte sein, dass Sie sich damit einen großen Gefallen tun.

Also noch einmal: Alles annehmen, was ist. Die Welt, das Leben, die Not, den Tod, Krieg und Sieg, Elend und Ungerechtigkeit, Naturkatastrophen, Völkermord, das unermessliche Leid. All das gilt es in der Schule der Achtsamkeit nicht nur hinzunehmen, sondern auch anzunehmen. Wer etwas hinnimmt, tut dies gegen seinen Willen, er ergibt sich widerwillig seinem Schicksal. Klar, dass wir etwas, das wir hinzunehmen gezwungen sind, nicht mögen können. Ganz anders beim Annehmen. Das kommt von Herzen und ist mit Gefühlen von Liebe und Dankbarkeit verbunden.

Wir verlieren unser Ganzsein nicht durch Kummer oder Schmerz. Es ist unsere ursprüngliche Form, in der wir geboren wurden. Kummer und Schmerz sind Teil unseres Ganzseins.

Im achtsamen Leben erfahren wir das Annehmen also unter ganz anderen Vorzeichen. Es wird nicht gleichgesetzt mit Passivität oder Resignation. Im Gegenteil. Wenn wir einen Moment im Sinne der Achtsamkeit voll und ganz annehmen, öffnen wir uns den Erfahrungen des Lebens umfassender und werden fähiger, jeder neuen Situation angemessen zu begegnen. Die in der Achtsamkeit gelehrte Akzeptanz ist eine Möglichkeit, durch die Höhen und Tiefen des Lebens zu navigieren und dabei die eigene Würde, Selbstachtung und den Humor zu bewahren – und vielleicht sogar einen Blick für die größeren Zusammenhänge zu entwickeln.
Erinnern Sie sich an den Film mit Sorbas, dem Griechen? Der von Antony Quinn dargestellte Mann quittierte die totale Katastrophe, den Zusammenbruch seines Lebens und seiner Hoffnungen mit einem himmlischen Gelächter. Er ging mit Weisheit aus seinem Desaster hervor – und konnte anschließend sehr gut weiterleben.
Vielerorts ist schon versucht worden, Achtsamkeit durch ein Bild zu veranschaulichen. Ich persönlich mag besonders ein Plakat, das einen bärtigen Guru im wehenden Gewand beim Surfen zeigt. Darunter steht in fetten Lettern folgender Satz: »Du kannst die Wellen nicht stoppen, aber du kannst lernen, sie zu reiten.«

Achtsamkeit bewertet nicht die Erfahrung, verurteilt und interpretiert nicht. Achtsamkeit kann aber unterscheiden, zentrieren und loslassen

In der offiziellen Definition für Achtsamkeit gibt es einen Unterschied zwischen der informellen und der formellen Praxis. Das eine bedeutet im Alltag gelebte Achtsamkeit, das andere umfasst spezielle Meditationsmethoden. Beide Formen sind gleichermaßen wichtig und ergänzen einander. Ich möchte Sie in diesem Kapitel zunächst mit einigen praktischen Übungen der informellen Achtsamkeit bekannt machen. Im vierten Kapitel stelle ich Ihnen dann den Klassiker der formellen Achtsamkeits-Praxis vor, das so genannte Zazen.

Zen-bewusst im Alltag

Auf den letzten Seiten habe ich versucht, Ihnen einige Facetten der Achtsamkeit aufzuzeigen. Jetzt geht es darum, diese Prinzipien ins tägliche Leben zu übertragen. Letztlich ist Achtsamkeit nichts anderes als praktiziertes Lebens-Zeit-Bewusstsein – und das wiederum ist eine Form meditativen Lebens. Für mich ist meditatives Leben die Krone aller Meditationsformen, denn es meint ja andauernd voll bewusstes Leben im Jetzt. Menschen, die meditativ leben, sind übrigens leicht zu erkennen. Sie strahlen einen besonders hohen Grad von Präsenz und Bewusstheit, aber auch von Glück und Zufriedenheit aus. Sie haben einen offenen, wachen Blick, begegnen jedem Menschen vorurteilsfrei, wirken niemals überheblich oder arrogant, sondern im Gegenteil bescheiden und milde gestimmt. Ich kenne einige solcher Menschen, muss aber hinzufügen, dass fast alle neben der im Alltag gelebten Achtsamkeit noch andere meditative Praktiken ausüben – wie Yoga, Tai Chi, Qigong oder eine andere Form von Meditation.

Auch ich habe mich in der Zeit, als dieses Buch entstand, mit Yoga-Übungen immer wieder geistig zentriert. Ein, teilweise zwei Stunden pro Tag schenkte ich meinem Geist diese Auszeit, um anschließend mit klarem Kopf weiter zu schreiben. Was ich damit sagen will: Gelebte Achtsamkeit ist ein Prozess, der uns Lust auf neue Erfahrungen macht. Es ist also nicht auszuschlie-

ßen, dass auch Sie, inspiriert von der Lektüre dieses Buches, Lust auf die eine oder andere meditative Praxis bekommen.
Hier nun einige Alltagsbeispiele, die Sie als Achtsamkeitstraining nutzen können:

Stille im Stau

Sie kennen das Gefühl, irgendwo im Stau festzustecken. Statt sich über unnütz vergeudete Zeit zu ärgern, erkennen Sie als achtsamer Mensch, dass Ihr Schicksal Ihnen gerade das Angebot macht, sich meditativ in die eigene Mitte zu begeben.

> *Lockern Sie den Griff am Lenkrad, lassen Sie die Schultern entspannt nach unten sinken. Nun können Sie aufrecht sitzend Ihren Blick vor sich auf die Kühlerhaube Ihres Wagens richten. Der meditative Blick ist – alles und nichts wahrnehmend – zugleich nach innen und außen gerichtet, ohne sich von äußeren Eindrücken ablenken zu lassen. Sie werden sofort merken, wenn der Stau sich auflöst und das Fahrzeug vor Ihnen ein Stück vorwärts fährt. Nun können Sie auch Ihre Gesichtsmuskeln durch ein sanftes, fast unmerkliches Lächeln entspannen und beginnen, Ihr Bewusstsein auf den Atem zu richten. Während Sie das sanfte Ein und Aus Ihres Atems in der Bauchdecke spüren, zählen Sie die Atemzüge: Eins, zwei, eins zwei …Sie können auch von eins bis zehn zählen und dann wieder von vorn anfangen. Wichtig ist, dass auch Ihre Arme von den Schultern bis in die Fingerspitzen völlig entspannt sind.*

Es versteht sich von selbst, dass Sie diese »Stau-Meditation« wirklich nur ausführen können, wenn der Verkehr tatsächlich steht.

Aufwachen! Hier spricht Ihr Zen-Stock

Kennen Sie den Stock, mit dem der Zen-Meister seine Schüler bei der Meditation immer wieder an der Schulter berührt, um sie während des geistigen Abdriftens aufzuschrecken und zurück ins Jetzt zu holen? Ähnlich funktioniert der folgende Trick. Er erinnert uns daran, im täglichen Leben immer wieder aufzuwachen und bewusst wahrzunehmen:

Ernennen Sie ein Geräusch, ein Bild oder eine Tätigkeit, die im Laufe Ihres Tages immer wieder auftaucht, zu Ihrem persönlichen Zen-Stock. Das Geräusch kann das Klingeln des Telefons sein, das Bild der Blick auf die Uhr, die Tätigkeit das Heben einer Tasse zum Mund. Jedes Mal, wenn also das Telefon klingelt, Sie auf die Uhr schauen oder aus Ihrer Tasse trinken, nutzen Sie dies als Erinnerung an Ihren Vorsatz, wahrzunehmen, wohin Ihre Aufmerksamkeit fließt. Sie können dabei auch zu sich selbst sprechen: »Nimm wahr! Was spürst du gerade, was hörst du, was siehst du, wo sind deine Gedanken?«

Mit kleinen Bewusstseinsübungen wie dieser bauen Sie sich eine Art geistige Muskelkraft auf. Diese Kraft funktioniert nach dem gleichen Prinzip wie Körpermuskeln. Man fängt mit einfachen Übungen an und steigert die Belastung allmählich. Mit jedem Augenblick, den wir hellwach erleben, wächst unser Lebens-Zeit-Bewusstsein. Unsere Sinneseindrücke werden feiner und intensiver. Wir erfahren und erleben täglich, dass unser Sein erfüllter, reicher und lebendiger wird.

Der folgende Tipp stammt von dem bekannten buddhistischen Zen-Meister Thich Nhat Hanh, der in seinem französischen Meditationszentrum »Plum Village« schon Tausenden von Schülern beigebracht hat, was Zen im Alltag bedeutet.

Das Telefon als Tempelglocke

Wenn das Telefon läutet, empfiehlt Thich Nhat Hanh, dies als Tempelglocke zu verstehen, die zur Achtsamkeit aufruft:

> *»Lass es drei Mal läuten und nutze genau diese Zeitspanne, um dich zu sammeln und zu dir zu kommen. Spüre, wie deine Fußsohlen auf dem Boden aufliegen, entspanne deinen Körper und lass zwischen den Augenbrauen Raum entstehen, so dass die Stirn weit und frei wird wie das blaue Firmament. Lausche tief und ruhig atmend der sanften Dühnung deiner Bauchdecke. Erst jetzt, wenn du ganz in deiner Mitte bist, nimm den Telefonhörer ab. Und keine Sorge: Wer so ungeduldig ist, dass er schon vorher auflegt, ist deiner nicht würdig. Das Gespräch mit ihm würde dir nicht gut tun. Wer allerdings bis zum vierten Klingeln warten kann, bekommt in dir einen gut geerdeten, gesammelten Gesprächspartner und damit die Chance eines entspannten Gesprächs bei voller Aufmerksamkeit.«*

Die kleine Erleuchtung beim Putzen

Routinearbeiten wie Fegen, Bodenwischen oder Geschirrspülen haben in der japanischen Zen-Praxis eine lange Tradition. Der Name für diese Arbeitsmeditation ist *samu,* und es heißt, dass mehr Schüler während solcher Verrichtungen einen spirituellen Durchbruch erleben als während der streng reglementierten Sitzmeditation. Vielleicht liegt es daran, dass bei meditativ ausgeübten Tätigkeiten die Erwartungshaltung nicht so groß ist. Wie man weiß, kommen uns die besten Einsichten und Ideen am ehesten im Zustand der Absichtslosigkeit. Das Gleiche gilt für die großen und kleinen Erleuchtungserlebnisse.

Zen beginnt mit dem Boden putzen
und Zen endet mit dem Boden putzen.
Und das Wichtigste dabei:
Du musst ihn selbst putzen.

Wenn Sie noch nie eine Arbeitsmeditation gemacht haben, rate ich Ihnen, mit ganz einfachen, monotonen Bewegungsabläufen anzufangen – wie Boden kehren, Staub saugen, Boden wischen, Staub wischen oder Fenster putzen. Damit Sie wissen, worauf Sie Ihren Fokus legen sollten, hier einige Hinweise auf die innere Haltung:
Arbeiten Sie langsam und sorgfältig.

- Führen Sie jeden Handgriff liebevoll aus.
- Seien Sie mit Ihrer vollen Aufmerksamkeit bei der Sache.
- Holen Sie Ihre Gedanken, wenn diese abschweifen, immer wieder in den Augenblick zurück.
- Lassen Sie die Bewegungen geschehen, so dass sie wie von selbst erfolgen.
- Geben Sie sich ganz den wiederkehrenden Bewegungen hin, so dass diese im Laufe der Zeit wie in Trance ablaufen.

Richtig ist es, wenn in Ihnen ein Gefühl entsteht wie »Es putzt den Boden durch mich.« oder »Es kehrt durch mich.«. Nach und nach stellt sich eine Art schlafwandlerischer Sicherheit bei gleichzeitiger Perfektion der Bewegungen ein. Mit Hilfe der meditativ ausgeübten Routinearbeiten nähern Sie sich durch praktisches Üben der Essenz der Achtsamkeit.

Jeden Handgriff mit voller Aufmerksamkeit und Liebe zu verrichten, kann Ihnen das Glücksgefühl bescheren, das Glücksforscher einen »Flow« nennen.

Hier weitere Beispiele für Ihre Arbeitsmeditation:

> *Bügeln: Versuchen Sie, das Hin- und Hergleiten des Bügeleisens mit dem Atemrhythmus zu koordinieren, so dass ein fließender Bewegungsablauf entsteht. Ähnlich wie bei einer Tai-Chi-Übung kann dieser Tanz am Bügelbrett Sie in eine entspannende, leichte Trance führen.*

> *Malern: Ähnlich wie beim Bügeln können Sie auch hier in einen rhythmisch wiederkehrenden Bewegungsablauf gelangen, den Sie mit dem Atemrhythmus verbinden und so in Entspannungstrance kommen.*

Wenn Sie mögen, legen Sie während Ihrer Arbeitsmeditation Meditationsmusik auf, bei der die Seele wie im Wiegenlied der Mutter in einen wunderbaren Entspannungszustand geleitet wird. Während die Musik Sie angenehm »einlullt«, sorgt die andauernde Bewegung dafür, dass die Wachheit bleibt.

Entspannte Wachheit – immer und überall

Entspannte Wachheit – das ist der Zustand, in dem Seele, Geist und Körper optimal regenerieren. Einmal verstanden und integriert, können Sie dieses Prinzip täglich bei vielen Gelegenheiten für eine Meditation nutzen.
Beim Sport zum Beispiel gibt es einige Arten, die sich geradezu klassisch für ein Meditationstraining eignen – allen voran Golf, Tennis, Angeln oder Bogenschießen. Hier gilt es, die richtige Balance zwischen zielgerichtetem Willen und entspannter Absichtslosigkeit zu finden. Bei stark rhythmischen Sportarten wie Walken, Skilanglauf, Joggen, Schwimmen oder Radfahren geht es eher darum, die Bewegung mit dem Atem zu koordinieren und so in eine Bewegungstrance zu gelangen, bei der »es« läuft

oder geht oder schwimmt. Es lassen sich noch unendlich viele Beispiele aus Sport und Freizeit nennen, die sich für ein Achtsamkeitstraining eignen. Selbst das Hanteln stemmen, das Traben auf dem Laufband oder die Übungen am Crosstrainer im Fitnessstudio können zur Meditation werden, ohne dass eine der mittrainierenden Personen es merkt.

Zen ist nicht Erregung,
sondern Konzentration auf
unsere übliche Alltagsroutine.

Achtsames Essen

Einen besonders sinnlichen Geschmack von Achtsamkeit können Sie beim Essen erleben. Durch die folgende Übung werden nicht nur Ihre Geschmacksknospen sensibilisiert, sie ist auch ein hervorragendes Training für Ihren Geruchssinn. Last but not least tun Sie damit auch Ihrer Verdauung einen großen Gefallen, denn während des achtsamen Kauens werden die Speisen im Mund bereits vorverdaut, und das erspart Magen und Darm eine Menge Arbeit. Ich rate Ihnen, diese Übung an einem Wochenende vorzunehmen, an dem Sie die Zeit und Muße haben, sie wie ein kleines Ritual zu zelebrieren.

Am besten, Sie fangen schon beim Besorgen der Zutaten an, um sich in Ihre Übung einzustimmen. Vielleicht gehen Sie diesmal nicht zum Supermarkt, sondern zum Wochenmarkt und kaufen bewusst gute Zutaten ein. Es sollte übrigens ein Gericht sein, das Sie nicht nur gerne essen, sondern das zugleich gesund ist. Haben Sie alles nach Hause getragen, beginnen Sie mit dem Waschen und Schneiden des Gemüses und all der anderen Zutaten. Alle Handgriffe sollen ebenso liebevoll und sorgsam ausgeführt werden wie das anschließende Zubereiten und Würzen Ihres Gerichts. Arbeiten Sie mit langsamen, bedachten Bewegungen, voll konzentriert auf Ihr Tun.

Auch Ihr Esstisch verdient eine liebevolle Dekoration. Wenn möglich, stellen Sie eine Vase mit frischen Blumen hin und legen Sie Ihr bestes Geschirr auf. Auch eine Uhr sollte sich in Ihrer Nähe befinden. Alles fertig gekocht und feierlich auf dem Teller angerichtet? Dann setzen Sie sich nun an den Tisch und danken Sie Gott oder dem Schöpfer oder dem Leben für das wunderbare Essen, was Sie vor sich sehen.
Verwenden Sie die ersten drei Minuten darauf, sich auf Ihr Essen zu freuen und tiefe Dankbarkeit für diesen Moment zu empfinden. Teilen Sie sich Ihre Mahlzeit nun bitte so ein, dass Sie genau zwölf Minuten zum Essen brauchen. Kauen Sie jeden Bissen gründlich und versuchen Sie, die einzelnen Zutaten herauszuschmecken. Vielleicht mögen Sie auch zunächst alles einzeln zu sich nehmen. Erst nur das Gemüse, dann nur den Reis oder die Kartoffeln – und erst anschließend Reis oder Gemüse zusammen mit der Sauce. Während des Essens sollte nichts Ihre Aufmerksamkeit ablenken. Also bitte diesmal auch keine Musik, und schon gar nicht nebenbei den Fernseher laufen lassen. Ja, selbst das Umherschauen sollten Sie bei dieser Übung unterlassen. Halten Sie ab und zu inne, um Messer und Gabel hinzulegen und einfach nur ein- und auszuatmen. Nach zwölf Minuten beenden Sie Ihr Essen und konzentrieren sich auf Ihren Magen. Wie fühlt er sich an, wo er angefüllt ist mit all den liebevoll zubereiteten und sorgsam zerkauten Lebensmitteln? Bleiben Sie noch zwei Minuten am Tisch sitzen, lehnen Sie sich entspannt zurück und genießen Sie das Gefühl, richtig gut gegessen zu haben. Dann stehen Sie auf und tragen das Geschirr weg. Achten Sie während der letzten drei Minuten Ihrer Übung darauf, wie sich Ihre Körperbewegungen nun anfühlen. Sie lernen in diesem Augenblick, dass man die Freude am Essen mit dem ganzen Körper empfinden kann.

Eine Nacht um die andre vergeht,
indes wir unachtsam leben.
Ein Tag um den andren begrüßt
und umarmt uns.
Mit Tagen wie mit Nächten
tun wir uns immer seltsam schwer.
(Khalil Gibran)

Das innere Lächeln

Zum Abschluss dieses Kapitels möchte ich Ihnen eine Übung vorstellen, mit der Sie jede Sekunde Ihres Lebens verzaubern können. Ihr Name: Das innere Lächeln. Ein Lächeln, das von Herzen kommt, wirkt wie ein Sonnenstrahl und erhellt nicht nur die angelächelte Person, sondern auch den Lächelnden selbst. Diese Übung der alten Chinesen vermittelt ein Gefühl von innerer Heiterkeit, die Sie jederzeit in sich wachrufen können: in der U-Bahn, im Bus, beim Einkaufen im Supermarkt, am Obststand um die Ecke, beim Joggen im Park.

Am Anfang ist es gut, wenn Sie die Übung nur für sich selbst machen, später können Sie Ihr Lächeln immer und überall kurz einflechten und seine positive Wirkung spüren.

Setzen Sie sich aufrecht hin, legen Sie die Hände auf die Oberschenkel und schließen Sie die Augen. Spüren Sie in Ihren Körper hinein und nehmen Sie Ihren Atem wahr. Machen Sie sich bewusst, dass Sie nichts tun und nichts erreichen müssen. Nun lassen Sie um Mund und Augen ein leises Lächeln entstehen. Vielleicht denken Sie dabei an eine Person, die Sie lieben – oder Sie erinnern sich an etwas Amüsantes, das Sie erlebt haben. Lassen Sie dieses Gefühl von Heiterkeit und Wärme sich ausbreiten und von Ihrem Gesicht nach unten wandern – über Hals und Schultern bis in die Brust. Die ganze Gegend rund um Ihr Herz soll in dieser wohltuenden Energie baden und er-

strahlen. Die Chinesen sagen, sie lächeln aus den Augen, dem Scheitel und der Brust.
Wenn Sie merken, dass Sie von Gedanken abgelenkt worden sind, machen Sie eine Pause und lassen das Lächeln wieder entstehen und sich ausbreiten. Lächeln Sie dabei auch verständnisvoll Ihrem eigenen Ehrgeiz zu, es gut machen zu wollen und lassen Sie damit jede Anstrengung los. Beenden Sie Ihre Übung in dieser Leichtigkeit.

Kapitel 3
Der Augenblick als Seelenklempner

Hören Sie auf, unliebsame Gefühle zu verdrängen. Es gibt einen weitaus gesünderen Weg, mit sich ins Reine zu kommen.

Die krankhaft gute Laune

Sie sind Tag für Tag bestens gelaunt, geistig und körperlich kerngesund, durch nichts aus der Ruhe zu bringen, gesegnet mit einer umwerfend optimistischen Ausstrahlung und blicken voller Vertrauen in die Zukunft. Nein? Das ist aber schlecht. Gut drauf zu sein ist das A und O in unserer Gesellschaft. Wenn Sie in Ihrem Leben noch etwas Entscheidendes vorhaben, brauchen Sie eine vitale, positive Ausstrahlung. Wie sonst soll es Ihnen gelingen, den Traumpartner an sich zu binden, den beruflichen Durchbruch zu schaffen oder einen Geldgeber von Ihrer Geschäftsidee zu überzeugen. Mit krummem Rücken, laschem Händedruck und trüben Augen doch eher nicht, oder?

»Weiß man doch«, werden Sie vielleicht entgegnen, »ich bemühe mich ja tagtäglich, gut drauf zu sein.«

»Eben drum,« wäre meine Antwort, »das ist ja das Schlimme.« Wir bemühen uns! Wir ringen um eine gute Verfassung! Wir kämpfen um gute Laune! Wir reißen Witze, damit wir etwas zu lachen haben.

Im Fahrstuhl zu meinem Büro begegnet mir manchmal ein Mann, der in der Unternehmensberatung ein paar Stockwerke tiefer arbeitet. Er besitzt den dynamischen Schritt und das stromlinienförmige Aussehen des erfolgreichen Geschäftsmannes, pfeift ständig ein fröhliches Liedchen und hat stets einen launigen Spruch parat. Während wir die paar Sekunden zusammen hochfahren, stelle ich mir immer vor, was Mr. Smiley am Morgen wohl schon alles getan hat, um sich so unter Strom zu setzen: Eine Stunde Trampeln auf dem Hometrainer, nebenbei auf dem Monitor das Video eines Motivationsgurus, dann schnell unter die Dusche (natürlich kalt zum Schluss), anschließend noch ein Glas frisch gepressten Orangensaft, ein Toast, die Vitaminpillen, rein in den Designeranzug, die von Hand zwiegenähten Schuhe geschnürt, das Siegerlächeln aufgesetzt und auf geht's in die Kampfarena. Ich danke dem lieben Gott, dass ich nicht die Therapeutin sein muss, bei der dieser Dauer-Gedopte in zehn Jahren auf der Couch liegt.

Sei gut drauf und das Leben ist auf deiner Seite.

So lautet die Urformel des Erfolgs, die wir bis in unsere tiefsten Zellen inhaliert haben. Gute Laune ist das beste Schmiermittel für berufliche und private Beziehungen. Fröhlichkeit verbindet, und wenn sie nicht von Herzen kommt, dann kommt sie aus der Pillenschachtel oder aus dem Munde eines Coaches. Millionen von Menschen bemühen sich täglich darum, gut drauf zu sein: »Klar, mach ich das, Chef, kein Problem! Die paar Überstunden stecke ich locker weg.« »Ich soll mich gerade geärgert haben? Wie kommen Sie darauf, bin bestens gelaunt.« Immer brav lächeln, sich nur nichts anmerken lassen, gute Miene zum bösen Spiel machen, frei nach dem Motto: »Wie's drinnen aussieht, geht keinen was an.« Gefühle, das weiß jedes Kind, werden nur anerkannt, solange sie positiv sind und nicht aus dem Rahmen fallen. Freudig, glücklich, mit strahlendem Lächeln, so mag uns die Welt. Diese Spielregel gilt immer und überall – im Job, im Showbusiness, in der Öffentlichkeit und in privaten Beziehungen.

Die Vergangenheit ist Geschichte, die Zukunft ein Geheimnis, und dieser Augenblick ist ein Geschenk. Deshalb nennt man die Gegenwart auch Präsenz – wie ein Präsent, ein Geschenk.

Schon als Säuglinge kannten wir das Geheimnis der Zuwendung. Schenkten wir der Mama ein strahlendes Lächeln, bekamen wir Aufmerksamkeit und Streicheleinheiten. »Du warst als Baby so ein lieber Kerl!«, sagt mir meine Mutter heute noch, »Jeden Menschen hast du angelächelt.« Gute Laune macht Freunde. Mit diesem Rezept eroberte wohl auch ich meine Welt. In der Schule bekam ich gute Noten, weil ich wusste, wie man einen guten Eindruck macht.

Gefühle sind ein kostbares Geschenk

Aber die Natur hat uns nun mal nicht mit einem ›Gute-Laune-Gen‹ ausgestattet, das wir per Knopfdruck aktivieren können. Sie hat uns Gefühle geschenkt, echte, tiefe Gefühle. Unsere Gefühle sind es, die uns von Marsmenschen, von Robotern und Maschinen, Tieren und Pflanzen unterscheiden. Sie machen uns zu einzigartigen, lebendigen, kreativen Wesen. Sie helfen uns, Sachverhalte zu erkennen, uns in der Welt zu orientieren. Sie führen uns in die richtige Richtung, warnen vor Gefahren. Gefühle motivieren uns zur Weiterentwicklung und zu persönlichem Wachstum, sie lassen uns erkennen, wer wir sind und wo wir stehen. Gefühle erlauben uns, Beziehungen zu anderen Menschen aufzunehmen. Nur wer seine eigenen Gefühle kennt und lebt, ist in der Lage, die Gefühle anderer Menschen zu erspüren und adäquat darauf zu reagieren.

Der Definition nach sind Gefühle subjektiv empfundene Wahrnehmungen, ausgelöst durch Worte und Handlungen, Gedanken und Vorstellungen. Überlegen Sie einmal, wie großartig uns die Evolution mit diesen Gaben bedacht hat. Doch was tun wir damit? Wir unterteilen sie in gut und böse. Glück und Freude werden zugelassen, alles andere wie Trauer, Einsamkeit, Aggression, Angst, Niedergeschlagenheit, Schmerz und Scham gilt als politisch unkorrekt, das zeigt man also besser nicht. So sind wir gezwungen, einen Großteil unserer Gefühle zu verstecken, zu verdrängen oder im stillen Kämmerlein auszuleben. Unsere Umwelt reagiert verstört, wenn wir uns gefühlsmäßig zu stark gehen lassen. Also lernen wir schon im Kindergarten, unangenehme Regungen ganz zu verstecken und angenehme nur in Maßen zu zeigen.

Die Folgen unserer guten Sitten füllen die Kassen der Ärzte, Masseure und Psychiater, sie sind der Stoff, aus dem Romane, Filme und Theaterstücke gemacht werden, von ihnen zehren die Medien. Was aber geschieht nun wirklich mit all den unterdrückten, nicht ausgelebten oder verdrängten Gefühlen im Körper? Zunächst setzen sie sich in den Muskeln fest, die sich dann verspannen und uns neben Kopf- und Rückenschmerzen auch den berühmten verbissenen Gesichtsausdruck und die verkrampften Bewegungen schenken. Psychologen behaupten, Verspannungen seien nichts anderes als muskuläre Erstarrungen – also eine (Gefühls-)Bewegung, die nicht stattfinden durfte. Werden die Verspannungen nicht durch Bewegung oder Entspannung aufgelöst, kann die Störung tiefer wandern und macht sich nach einiger Zeit auf der Ebene der Funktionsstörungen bemerkbar. Die Liste der so genannten psychosomatischen Erkrankungen oder auch seelisch bedingten Störungen ist lang. Sie reicht von Magenbeschwerden über Herzrasen bis hin zu Migräne, Schwindel, Tinnitus, Reizdarm und Schlaflosigkeit. Bei den meisten dieser Leiden stellt der Arzt die Diagnose »organisch gesund« aus und entlässt uns mit einem Rezept für Schlaf- und Beruhigungsmittel oder Stimmungsaufheller. Haben wir immer noch nicht die Signale unseres Körpers verstanden, geht es irgendwann ans Eingemachte. Dann spielen Leber, Nieren, Herz oder das Knochengerüst nicht mehr mit oder das Immunsystem richtet sich gegen uns. Ganzheitlich denkende Mediziner behaupten übrigens, dass letztlich jeder Krankheit ein seelischer Anteil zugrunde liegt. Unterdrückte, verdrängte, falsch ausgelebte, nicht richtig ventilierte Gefühle und verdrängte seelische Schmerzen sind die häufigste Ursache für Krankheit, Unglück und Leid.

Der Mann, der seit vielen Jahren meine Heizung wartet, besitzt im Umgang mit seinen Kunden ein äußerst umgängliches, freundliches Wesen und ist stets zur Stelle, wenn Not am Mann ist. Eines Tages jedoch, als er wieder einmal zur Inspektion meines Heizkessels kam, erlebte ich ihn von einer ganz anderen Seite. Ich bekam zufällig mit, wie er anlässlich eines Telefonats einen cholerischen Anfall bekam und dabei völlig außer Kontrolle geriet. Er lief dunkelrot an und beschimpfte die Person am

Telefon mit unflätigen Worten. Als im nächsten Jahr wieder eine Inspektion fällig wurde, hörte ich, dass der Mann inzwischen drei Bypässe bekommen hatte.

Natur und Gefühle

Wie kommen wir nur dazu zu meinen, die Natur hätte uns etwas geschenkt, das so schlecht ist, dass wir es unterdrücken oder verstecken müssen. Das ist eine wenig reflektierte und krank machende Sichtweise. Im Licht des Augenblick-Bewusstseins gibt es keine guten oder schlechten Gefühle, und deswegen ist da nichts, was man unterdrücken, kontrollieren oder regulieren müsste.

Das Einzige, was es für uns zu lernen gilt, ist der achtsame Umgang mit unseren Gefühlen. Wir können unsere Empfindungen wahrnehmen, mit liebevoller Aufmerksamkeit beleuchten, in vollem Umfang und Ausmaß annehmen, würdigen und erforschen. Auf diese Art werden wir weder von ihnen überwältigt, noch lassen sie uns völlig unberührt.

Gefühle zu erforschen, bedeutet, ihr Wesen und ihren Zweck zu erkennen. Mir persönlich war es zum Beispiel eine große Hilfe, zu wissen, dass Gefühle wie Gewitter sind. Sie ziehen heran, laden sich auf, erreichen einen Höhepunkt und flachen dann allmählich wieder ab, bevor sie sich ganz verziehen. Je besser und intensiver wir ein Gefühl an uns herankommen lassen und erleben, desto größer die Chance, dass sie beim Davonziehen keine oder kaum Spuren hinterlassen. Gefühle wollen erkannt und durchlebt werden. Sie wurden uns von der Natur geschenkt, um etwas in uns zu bewegen. In der Achtsamkeit lernen wir, Gefühle zu akzeptieren, zu würdigen und hinzunehmen, ohne sie zu bewerten. Schmerz und Groll dürfen kommen und gehen, ebenso wie Freude oder Liebe. All diese Empfindungen dürfen aufkommen, werden wahrgenommen. Dann lassen wir uns von ihnen zu einer Handlung, zu einer Bewegung oder einem Entschluss führen. Wenn alles »sauber« durchlebt und verarbeitet wurde, wird der seelische Raum wieder frei für ein neues Erleben.

Hier noch einmal kurz die fünf Phasen des achtsamen Umgangs mit einem Gefühl:

- bewusst wahrnehmen,
- erkennen und benennen,
- durch sich hindurch wirken lassen,
- sich entschließen oder handeln,
- sich verabschieden und zum Alltag zurückkehren.

Beim ersten Punkt, der Bewusstmachung, erlauben wir unseren Gefühlen, als ein Besucher zu uns zu kommen. Wir besitzen also genügend Distanz zu erkennen, dass es sich um eine vorübergehende Situation handelt. Wir sind nicht die Gefühle, sondern lassen sie durch uns hindurch ziehen. Stellen Sie sich vor, die Gefühle sind wie ein Gast, der ein Zimmer bewohnt, uns wichtige Impulse gibt und sich dann wieder verabschiedet.

Anerkennen, würdigen, alle Widerstände aufgeben. So können Gefühle problemlos kommen und gehen. Wir selbst treten dabei in eine Art Zeugenstand.

Geben Sie Ihren Widerstand auf

Doch wie lernen wir, Gefühle zu akzeptieren, die wir gar nicht haben wollen? Durch eine Entscheidung. Nehmen Sie sich vor, Ihre Empfindungen genauso anzunehmen, wie sie sind. Bewerten Sie sie nicht, akzeptieren Sie sie einfach, indem Sie sich sagen: Dieses Gefühl ist in diesem Augenblick genauso, wie es sein sollte, denn das gesamte Universum ist so, wie es sein soll. Wenn man sich gegen den Augenblick nicht wehrt, kann man sich auch gegen ein Gefühl nicht wehren, das in diesem Augenblick vorherrscht. Damit würde man sich dem gesamten Universum widersetzen.

Mit unserer Wahrnehmung
beseelen wir die Wirklichkeit
(Carl Gustav Jung)

Beim achtsamen Umgang mit Gefühlen treffen Sie die Entscheidung, sich nicht gegen die Schöpfung, gegen Gott, die Natur, das Universum – oder wie auch immer Sie diese Instanz nennen, zur Wehr zu setzen. Sie nehmen das Gefühl, das sich in Ihnen bewegt, als vollständig richtig an. Damit akzeptieren Sie es, wie es ist und nicht, wie Sie es sich wünschen. Es ist sehr wichtig, diesen Unterschied zu begreifen. Natürlich steht es Ihnen frei, sich zu wünschen, dass es anders wäre. Aber im gegebenen Augenblick sollen Sie Ihre Gefühle akzeptieren, wie sie sind.
Schön und gut, könnten Sie jetzt sagen. Aber was ist, wenn mein Kind, mein Partner, meine Kollegin oder mein Chef mich dermaßen ärgert, dass ich aus der Haut fahren könnte? Was ist mit den alltäglichen Frustrationen?
In diesem Fall können Sie sich bewusst machen, dass Sie ja nicht auf die Person oder die Situation reagieren, sondern auf Ihre Gefühle bezüglich der Person oder der Situation. Es ist niemals notwendig, andere dafür zur Rechenschaft zu ziehen, wenn Sie sich ärgern oder wütend werden. Es sind ja immer Ihre eigenen Gefühle. Wenn Sie diesen Zusammenhang verstehen, fällt es Ihnen auch leicht, die Verantwortung für das zu übernehmen, was Sie fühlen.
Verantwortung zu übernehmen heißt, dass Sie aufhören, anderen die Schuld für die eigene Gefühlssituation zu geben. Nicht den anderen, aber auch nicht sich selbst. Auch das gilt es zu ak-

zeptieren. Keiner hat Schuld an Gefühlen. Wenn Sie diese Botschaft tief in sich aufnehmen, kommen Sie aus jeder unangenehmen oder ärgerlichen Situation heraus und lernen aus ihr. Anschließend wird sich die Gelegenheit ergeben, etwas Neues und Besseres zu schaffen.

Wenn Sie in ein Gefühl verstrickt sind, das Sie nicht mögen, fragen Sie sich, was Ihnen Ihr Gefühl eigentlich mitteilen will. Es hat ja den Zweck, Sie auf etwas aufmerksam zu machen. Laden Sie das Gefühl zum Gespräch ein und sagen Sie ihm, dass Sie es gerne aus der Nähe betrachten würden. Fordern Sie es auf, hinter seiner Maske hervorzutreten. Fast immer liegen Gefühle nämlich in mehreren Schichten übereinander. Wut verbirgt zum Beispiel Angst, Angst kann eine tiefe Trauer verbergen. Ein Gefühl zu verarbeiten heißt, durch die verschiedenen Schichten bis zum Kern vorzudringen.

Die Wirklichkeit, in der Sie und ich leben, ist eine Sache der Interpretation. Wenn Sie sich entscheiden, Ihre Realität auf diese Weise zu deuten, werden Ihre Gefühle zu Ihren Lehrern: Sie bieten Ihnen die Chance, sich weiter zu entwickeln.

Jedes Gefühl, das wir erleben, ist genau das, das wir brauchen, um zu wachsen.

Laden Sie Ihre Ängste zu einer Tasse Tee ein

Aber was ist mit all den Ängsten, denen wir fortwährend ausgesetzt sind, höre ich Sie fragen. Ängste sind Gefühle wie Wut, Aggression oder Trauer, aber im Zusammenhang mit Lebens-Zeit-Bewusstsein bekommen sie eine besondere Bedeutung. Sobald wir uns nämlich mutig aufmachen, unser Bewusstsein zu erweitern und uns neue Betrachtungsweisen anzueignen, kommen sie gehäuft zum Vorschein. Rechnen Sie also damit, dass Ihnen anfangs immer wieder mal angst wird, wenn Sie sich mit Ihrem Leben bewusst auseinandersetzen. Wir waren es von Kindesbeinen an gewohnt, unsere Ängste ins Reich des Unbewussten abzudrängen. Wie beschrieben, haben sie zwar unsere Muskeln verspannt, unsere Organfunktionen irritiert und uns mit einigen Zipperlein den Alltag erschwert, aber wir haben sie wenigstens nicht gespürt.

Sobald wir jedoch beginnen, mit unseren Gefühlen auf gesunde und achtsame Art umzugehen, brechen die Ängste aus ihren Verließen hervor. Was tun in so einem Augenblick? Als Schülerinnen und Schüler der Achtsamkeit haben wir gelernt, alle Gefühle anzunehmen, sobald sie auftauchen, also werden wir uns ihnen stellen.

Wenn Sie Ihren Ängsten wirklich begegnen, merken Sie relativ schnell, dass auch sie keineswegs die Furcht erregenden Monster sind, für die Sie sie bisher hielten. Was halten Sie von der Idee, diese Ungeheuer einmal ganz förmlich in Ihr Wohnzimmer zu einer Tasse Tee einzuladen? Sprechen Sie mit Ihnen, bitten Sie sie, sich Ihnen zu zeigen. Mit dieser Geste lernen Sie sie nämlich kennen und können vielleicht entdecken, dass sie in Wirklichkeit nur harmlose Papiertiger sind. Das ist es nämlich, was beim richtigen Umgang mit unseren Ängsten herauskommt. Genauso wie ein Schatten sich im Sonnenlicht verflüchtigt, verliert auch die Angst ihre bedrohliche Fratze, wenn wir den Lichtkegel der Aufmerksamkeit auf sie richten. Und auch hier gilt wieder: Akzeptieren und würdigen Sie Ihren Gast dafür, dass er sich Ihnen so gezeigt hat. Sie haben Ihre Lektion gelernt und können Ihren Besucher verabschieden.

Was wir versuchen, fortzuschieben, wird bleiben. Was wir annehmen, können wir überwinden.

Verletzt und doch nicht gekränkt

Haben wir das Prinzip des Wahrnehmens, Annehmens, Verantwortung Übernehmens und Loslassens einmal verstanden, können wir es auch auf unsere unbewussten Reaktionen anwenden. Das sind reflexartige Gefühlsreaktionen, die ganz automatisch ablaufen. In der Schule des Lebens-Zeit-Bewusstseins lernen wir, für alle unsere Handlungen und Verhaltensweisen die Verantwortung zu übernehmen – für die bewussten, wie auch für die unbewussten.

Würde ich Sie jetzt zum Beispiel beschimpfen oder herabsetzen, würden Sie sich höchstwahrscheinlich dazu entscheiden, sich beleidigt zu fühlen. Würde ich Ihnen ein Kompliment machen, würden Sie sich entscheiden, sich zu freuen oder sich geschmeichelt zu fühlen. Immer ist es Ihre persönliche Entscheidung. Nun könnte ich Sie aber auch beleidigen und Sie könnten beschließen, sich diesmal nicht beleidigt zu fühlen. Ich könnte Ihnen ein Kompliment über Ihr Aussehen machen und Sie könnten sich davon nicht geschmeichelt fühlen. Ich möchte Ihnen damit vor Augen halten, dass wir auch für unsere Reflexe verantwortlich sind.

Eine Kritik kann Sie kränken, muss es aber nicht zwangsläufig. Wenn Sie sich sicher sind, dass Sie etwas Gutes geleistet oder sich richtig verhalten haben, kann Kritik Ihnen sogar wichtige Informationen darüber geben, was Sie besser machen können. Nur wenn Sie unsicher sind, kann die Kritik Ihr Selbstwertgefühl so stark berühren, dass Sie sich als Versager betrachten. Eine Kritik ist an sich also keine Kränkung, sie wird nur dann dazu, wenn Sie sich unterlegen fühlen und verletzt reagieren.

Damit Sie etwas als Kränkung erleben, braucht es vier Voraussetzungen:

- Ein wunder Punkt, der Sie verletzlich macht.
- Die Bereitschaft, dem anderen die Schuld an Ihrem Elend zuzuschieben.

- Die Ablehnung, die Verantwortung für Ihre Gefühle zu übernehmen.
- Dinge, die Ihnen widerfahren, als persönlich gegen Sie gerichtet zu verarbeiten.

Unsere Reflexe, spontanen Verhaltensweisen und unkontrollierten, gefühlsmäßigen Reaktionen können wir nur ändern oder heilen, wenn sie uns bewusst sind. Ähnlich wie wir unsere verdrängten Ängste zum Tee eingeladen haben, holen wir jetzt unsere Reflexe vom Unterbewusstsein ins Bewusstsein.

Nehmen Sie sich einmal einen Moment Zeit, um Ihre automatischen, reflexartigen Reaktionen zu betrachten. Wie reagieren Sie normalerweise, wenn Sie den Boden gerade gewischt haben und Ihr Kind mit schmutzigen Schuhen über die saubere Fläche läuft? Wahrscheinlich verärgert. Schon die bloße Feststellung genügt. Mehr müssen Sie nicht tun, um sich Ihre automatische Reaktion bewusst zu machen.

Wenn Ihr Kind beim nächsten Mal mit seinen Schmutzschuhen über den sauberen Boden läuft, entscheiden Sie sich bewusst, sich darüber zu ärgern. Das wäre die eine Möglichkeit. Die andere wäre, dass Sie sich entscheiden, sich nicht zu ärgern. Stattdessen können Sie Ihrem Kind die Situation erklären und es auffordern, seine Schuhe auszuziehen. Sich bewusst für die eigenen Reaktionen zu entscheiden, gibt uns sehr viel Kraft, fördert die Eigenverantwortung und eröffnet uns neue Verhaltensoptionen.

Fragen Sie Ihren Bauch oder Ihr Herz

Wenn Sie nicht genau wissen, wie Sie auf eine Situation oder Person reagieren oder wozu Sie sich entscheiden sollen, rate ich Ihnen zu einer ganz einfachen Strategie. Stellen Sie sich vor Ihrer Entscheidung zwei Fragen.

- Wird die Entscheidung mir und meinen Mitmenschen Glück bringen?
- Was wird geschehen, wenn ich diese Entscheidung treffe?

Nehmen Sie sich ein wenig Zeit, halten Sie nach jeder Frage inne und warten Sie auf entsprechende Körpersignale. Wenn der Körper ein Signal von Wohlbehagen aussendet, handelt es sich um die richtige Entscheidung. Schickt er hingegen ein Zeichen von Unbehagen, bedeutet es »Vorsicht, lieber nicht!«

Bei mir spielen sich die Empfindungen von Wohlbehagen oder Unbehagen im Bereich des Solarplexus ab, also in der Gegend der Magengrube. Dort liegt meine Hand automatisch, wenn ich mich beruhigen will, mal wieder schlecht einschlafe oder mir zu viele Gedanken im Kopf umherschwirren. Die Signale aus dieser Gegend sind entweder entspannte Gurgelgeräusche oder ein Verkrampfen und Bedrücktsein.

Bei weitaus mehr Menschen macht sich das berühmte Bauchgefühl allerdings in der Herzgegend bemerkbar. Wenn das bei Ihnen auch so ist, richten Sie in einer Entscheidungssituation Ihre Aufmerksamkeit auf Ihr Herz und stellen Sie ihm die beiden Fragen.

Halten Sie einen Augenblick inne und warten Sie auf eine Empfindung in Ihrer Herzgegend. Fühlen Sie Wärme oder ein »Weiter-werden« oder zieht sich etwas zusammen? Vielleicht ist die Empfindung nur schwach, aber sie ist da – und sie kommt aus Ihrem eigenen Körper.

Ihr Herz – und damit sind auch die Reaktionen aus dem Bauch und dem Solarplexus gemeint – ist die Instanz, die immer die richtige Antwort kennt. Das Herz ist vollkommen intuitiv und sieht alles im Zusammenhang. Es kennt keine Rivalität, es ist nicht berechnend. Es ist direkt mit dem Wissen des Universums verbunden. Je häufiger wir uns bei Entscheidungen ganz bewusst unserer körperlichen Wahrnehmung bedienen, umso größer die Wahrscheinlichkeit, dass wir uns spontan richtig entscheiden –

zum Wohle unserer eigenen Person und der Menschen in unserer Umgebung.
Mit der folgenden kleinen Übung lernen Sie, Ihre positiven Körpersignale besser wahrzunehmen und einen angenehmen Gefühlszustand deutlich zu erkennen:

Notieren Sie sich eine Woche lang alle Situationen, in denen Sie ein Gefühl des Wohlempfindens hatten. Schreiben Sie genau auf, wie sich diese Gefühle geäußert haben und was Ihnen sonst noch dazu einfällt. Angenehme Gefühle sind immer Belohnungen für ein angemessenes Verhalten oder ein Zeichen für eine richtige Entscheidung. Je öfter Sie sich diesen Zusammenhang bewusst machen, desto stärker lenken Sie Ihre Aufmerksamkeit auf das Positive und erzeugen dadurch positive Gedanken und Gefühle. In der Folge könnte das bedeuten, dass Sie mehr aus positiven als aus negativen Erfahrungen lernen.

Der Schmerz des Älterwerdens

Den Rest dieses Kapitels möchte ich einem Gefühl widmen, mit dem jeder von uns eines Tages konfrontiert wird. Es geht um die Angst vor dem Älterwerden. Gesellschaftskritiker bezeichnen sie als eine der größten Ängste der Menschen in der westlichen Welt. »Man ist so jung, wie man sich fühlt!«, heißt es gerne, aber das ist leicht dahergesagt. In meinen Augen ist der Prozess des Älterwerdens in erster Linie ein gesellschaftlicher Zwangsvorgang, von dem sehr viele Menschen profitieren. Die Anti-Aging-Industrie verbucht bereits riesige Zuwachsraten, und damit es so bleibt, werden wir immer früher alt gemacht. Für die Kosmetikhersteller beginnt die Phase des Älterwerdens mit 25. Frauen in den blühendsten Jahren sollen teure Nährstoffcremes kaufen, um nicht vorhandene Fältchen am Entstehen zu hindern.
Im Fernsehen, im Kino, in der Werbung und in den Zeitschriften

sehen wir nur junge, schöne Menschen. Je mehr wir fernsehen, ins Kino gehen oder in Magazinen blättern, desto stärker setzen sich die Bilder in unserem Unterbewusstsein fest. Und dann stellen wir uns vor den Spiegel und beginnen zu vergleichen. Wir sehen in ein Gesicht, das vom täglichen Lebenskampf müde und verbraucht aussieht, eine Stirn, die Falten wirft. Es gibt eine Untersuchung, die besagt, je mehr Frauenzeitschriften eine Frau liest, desto unzufriedener wird sie mit ihrem Aussehen. Und genau das bezweckt die Schönheits- und Wellness-Industrie: ein Mangelbewusstsein. Nur, wer darunter leidet, nicht jung genug auszusehen, ist bereit, für die eine Lösung seines Problems in die Tasche zu greifen.
Für die Umwelt deutlich sichtbar wird der Alterungsprozess meistens in der Mitte des vierten Lebensjahrzehnts, und genau hier wird auch im Job gerne eine Altersgrenze angesetzt. Während man mit Anfang 40 in den meisten Branchen noch in der Schublade »verwendbar« landet, werden wir ab 45 stark und ab 50 garantiert aussortiert.

Es ist nicht entscheidend,
wie lange wir leben,
sondern, wie wir das Heute nutzen.
(Angelika Mack)

In dem Augenblick, in dem ein Mensch in die Lebensphase des Älterwerdens eintritt, wechselt er von einem Lebensabschnitt, der mit bestimmten Verhaltensweisen geprägt ist, in einen anderen, der wiederum seine eigenen, anderen Verhaltensweisen hat. Vieles, was mit Anfang 40 noch in Ordnung war, »schickt« sich mit Ende 40 oder Anfang 50 eben nicht mehr. Der Mensch wird in einer fortgeschrittenen Lebensphase zu einem anderen Verhalten gezwungen, das seinen wahren Bedürfnissen und Wünschen widerspricht. Und so passiert es, dass diese gesellschaftliche Programmierung bei den meisten Menschen von der

Flexibilität zur Bequemlichkeit, von der Spontaneität zur Vernunft, von der Entwicklung zur Stagnation führt. Das hat zur Folge, dass die Lebendigkeit der älteren Person stark beeinträchtigt wird, als würde einem bis dahin starken Lebensfluss das Wasser abgegraben.

Wenn Menschen zu sich sagen: »Dazu bin ich schon zu alt!«, verpassen sie sich selbst einen Dolchstoß. Ihr Leben gerät noch zu Lebzeiten in einen Stillstand und sie selbst in einen Zustand der Stagnation. Der Preis für diese Stagnation ist sehr hoch. Er besteht in vielen unerfreulichen Lebensjahren und dem konstanten Gefühl, an der persönlichen Weiterentwicklung und Lebensfülle vorbeizugehen.

Nun bin ich mir ziemlich sicher, dass Sie nicht der Typ sind, der unter diesen Umständen älter werden möchte, sonst würden Sie dieses Buch nicht lesen. Wenn Sie also wieder einmal mit der Angst vor dem Älterwerden konfrontiert werden, ist es vielleicht an der Zeit, sich die eigene Lebendigkeit wieder vor Augen zu führen. Probieren Sie es einmal mit der folgenden Übung:

Legen Sie für die nächsten Minuten einmal die Rolle der seriösen erwachsenen Person ab und überlegen Sie, was Sie jetzt – in diesem Augenblick – am liebsten tun würden. Es darf gerne etwas sein, was zurzeit gar nicht realisierbar wäre. Während Sie nach einer Antwort suchen, folgen Sie einfach Ihrem Lustgefühl und Ihrem Spieltrieb. Würden Sie gerne mal wieder ein Fest besuchen und nach Herzenslust tanzen, albern sein und viel lachen? Oder die Schuhe ausziehen und barfuß voll in eine Regenpfütze springen? Spüren Sie die Lust und die Lebensfreude, die Sie in diesem Augenblick mit Ihren Ideen erzeugen? Und nun schauen Sie in den Spiegel. Beobachten Sie, wie sich Ihr Gesicht verändert hat, wie es vielleicht lächelt. Ihre Augen glänzen, sind lebendig und strahlen Lebensfreude aus. Vielleicht würde es Ihnen gefallen, dem spießigen Kollegen aus dem Großraumbüro einfach mal mit der Wasserpisto-

le ins Gesicht zu spritzen. Vielleicht würden Sie gerne mal wieder am Kinderspielplatz auf einer Schaukel sitzen oder Sandkuchen backen? Nehmen Sie die Lebensfreude und die Abenteuerlust, die bei diesen Vorstellungen aufkeimt, einfach in sich auf und genießen Sie den intensiven Puls von Lebendigkeit, den Sie vielleicht seit langem vermissen.

In Asien, wo Menschen mit zunehmendem Alter an gesellschaftlichem Wert gewinnen, ist das Älterwerden kein Problem. Ich habe mich schon bei vielen Vorträgen zu diesem Thema geäußert und vertrete die Meinung, dass wir uns beim Thema Alter an den östlichen Kulturen orientieren sollten. Dort sind die Älteren den Jüngeren tatsächlich noch ein Vorbild. Statt uns Jugendlichkeit zum Vorbild zu machen, sollten wir selbst ein Vorbild werden – indem wir zum Beispiel zeigen, wie man achtsam mit dem Phänomen des Älterwerdens umgeht.

Das Stadium der Hagebutte

Der inzwischen verstorbene Leibarzt des Dalai Lama, der tibetische Medizingelehrte Tenzin Choedrak hat mir einmal einen Satz gesagt, der mich seitdem durchs Leben begleitet:

Wenn du auf eine Frage keine Antwort findest,
dann geh hinaus und schau,
wie die Natur damit umgeht.
Dort findest du die Antwort.

Der weise Tenzin Choedrak hat mich inspiriert, das Thema Älterwerden am Beispiel der Rose darzustellen. In unserer westlichen Welt wird nur das Stadium der Knospe und der frühen Blüte zelebriert. Gehen Sie einmal in einen Blumenladen, und fragen Sie nach einer voll erblühten oder gar schon leicht welkenden Rose. Pflanzen in diesen Stadien gibt es entweder preisgünstiger, oder sie sind längst im Komposteimer gelandet. Auch Menschen in der westlichen Welt beginnen, bereits in einem Alter an Attraktivität zu verlieren, in dem sie wie die Rosenblüte ihre volle Reife entfalten.

In der Natur hat jedes Stadium seine Berechtigung und birgt ein eigenes Potenzial. Wenn Sie sich einmal in den Anblick einer voll entfalteten Rosenblüte vertiefen, können Sie erkennen, dass im Kelch bereits die Frucht angelegt ist. Die Frucht der Rose ist die Hagebutte, die im Herbst mit ihrer leuchtend orangeroten Farbe die Hecken ziert. So birgt sie in sich die Samen der Erneuerung, die im Frühjahr zutage tritt.

Übertragen auf das menschliche Leben ist die junge Frau die Blume, die Mutter die Frucht und die ältere Frau der Samen. In der vierten und fünften Lebensdekade tritt eine Frau demnach in das Zeitalter der Hagebutte ein, die langsam beginnt, ihre Samen zu verstreuen. Wenn Sie auf dem Weg sind, sich im übertragenen Sinne in eine Hagebutte zu verwandeln, gilt es zu lernen, vom verführerischen Reiz des Blütenstadiums Abschied zu nehmen und die Stärke und Spannkraft einer Hagebutte wertzuschätzen. Wenn Sie das Bild der Hagebutte einmal vor Ihrem geistigen Auge entwickeln, können Sie sich leicht vorstellen, welch eine wundervolle Phase einer Frau in ihren späten Vierzigern und in den Fünfzigern bevorsteht. Ihre natürliche »biologische« Aufgabe besteht darin, sich anderen zu öffnen und ihre konzentrierte Wahrheit und ihre Weisheit auszusäen. Schauen Sie sich einmal in Ihrem Bekanntenkreis um, ganz sicher werden Ihnen einige Frauen einfallen, die sich in dieser Lebensphase mutig ihren neuen Erkenntnissen stellen und mit ihrer Wahrheit nicht mehr hinterm Berg halten. Der Samen der Hagebutte vereint in sich das Wissen und das Potenzial aller anderen Teile der Pflanze. In einigen Indianerkulturen Nordamerikas war man übrigens der Meinung, dass Frauen in den Wechseljahren ihr »weises« Blut mit Absicht zurückhalten, statt es immer wieder zu vergießen. Man hielt sie deshalb für stärker als menstruierende Frauen, und aus diesem Grund konnten Frauen erst Schamanin werden, wenn sie die Schwelle ihrer körperlichen Fruchtbarkeit überschritten hatten. Die 2003 gestorbene amerikanische Künstlerin und Frauenrechtlerin Tamara Slayton hat einmal gesagt, dass die Phase der Wechseljahre für Frauen, wenn diese verstanden und unterstützt wird, die nächste Stufe der Initiation in ihre persönliche Kraft ist.

In unserer Kultur jedoch wird die Stimme der Frau nach der Menopause häufig verleugnet oder sogar belächelt. So verwundert es nicht, dass Frauen sich nach allen Kräften bemühen, mit Hilfe medizinischer Verjüngungskuren oder Operationen ewig jung zu bleiben. Damit jedoch berauben sie sich freiwillig der Vorteile des in dieser Lebensphase fälligen natürlichen Übergangsritus.

In den indianischen Kulturen waren Frauen nach der Menopause eine Stimme der Verantwortung, für die Erde und für die Gesetze guter Beziehungen. Diese älteren Frauen besaßen große Macht und überprüften alle Entscheidungen ihres Stammes. Anders als ihre jungen Geschlechtsgenossinnen hatten sie keine Angst, allem, was dem Leben nicht diente, ein entschiedenes Nein entgegen zu setzen. Außerdem leiteten sie die Initiationsrituale der jungen Mädchen, die zur Frau wurden und gaben ihnen ihr Wissen weiter.

Wenn Sie sich jenseits des 45. Lebensjahres befinden, wünsche ich Ihnen, dass Sie die Schönheit und Stärke dieses Reifestadium zu schätzen wissen und seine Herausforderungen und Aufgaben erkennen.

Unser Potenzial ist die Quelle, die uns hilft, unsere Kräfte zu erneuern und gesund und vital von einer Phase in die nächste überzugehen. Wenn wir dieses Potenzial nicht nutzen, versündigen wir uns gewissermaßen gegen unsere Natur, denn wir verweigern uns der Weisheit unserer Seele. Die Harmonie von Körper und Seele wird damit gestört, und der Körper gibt von

außen ein Zeichen. Das äußert sich in der Degeneration und Fehlleitung der Zellen. Interessanterweise entwickeln viele Menschen zwischen 50 und 60 am häufigsten schwere Krankheiten. Wenn wir uns gegen das Altern wehren, stören wir den Fluss des Lebens in unserem Körper.
Lebens-Zeit-bewusst älter zu werden bedeutet, sich ganz bewusst den Veränderungen des Lebens hinzugeben und jeden Augenblick in seiner ganzen Schönheit zu sehen und anzuerkennen. Im Grunde geht es darum, immer vorwärts zu gehen und nichts zurückdrehen zu wollen. Aus dem Vorwärtsgehen, dem Mitfließen, dem nach vorne schauen und annehmen, was ist, schöpfen wir die Kraft, gesund und aktiv zu bleiben.
Wenn Sie sich die Kraftquelle Ihres Lebensalters einmal ganz plastisch vor Augen halten möchten, lade ich Sie zu einer meditativen Betrachtung ein, bei der Sie die Phasen eines Jahres in der Natur erleben und dabei das Potenzial jeder Jahreszeit und der entsprechenden Lebensphase bewusst wahrnehmen. Gleichzeitig werden Sie dabei erkennen, dass in jeder Jahreszeit auch Zeichen der anderen Jahreszeiten sichtbar sind. In der Natur ist alles miteinander verbunden, immer und überall ist die Einheit sichtbar.
Sie können den folgenden Text auf mehrere Arten nutzen. Wenn Sie ihn sehr langsam lesen und zwischendrin immer wieder innehalten, um den inneren Bildern nachzuspüren, wird es für Sie eine kontemplative innere Reise. Sie können ihn aber auch auf ein Band sprechen und zu geeigneter Stunde als Phantasiereise abspielen. Eine weitere Möglichkeit ist, sich den Text von einer Person vorlesen zu lassen und die aufsteigenden Bilder zu genießen.

Ein Jahr wie ein Leben

Schließen Sie Ihre Augen und entspannen Sie sich. Lassen Sie alle Sorgen los und denken Sie einmal an den heutigen Tag zurück. Was haben Sie von den Vorgängen in der Natur mitbekommen? Waren Sie draußen, haben Sie einmal bewusst in den Himmel geschaut oder das Singen eines Vogels gehört?

Stellen Sie sich nun vor, dass es langsam Frühling wird. Die Natur ist im Aufbruch. Die Vögel zwitschern aufgeregt, die Insekten schlüpfen aus, die Bienen sind unterwegs, die ersten Schmetterlinge flattern in der Luft. In Ihrer Phantasie malen Sie sich einen schönen, leicht verwilderten Garten auf dem Lande aus und gehen in ihm spazieren.
Schauen Sie sich genau um: Beobachten Sie die Blattknospen an den Bäumen, die jetzt von einem Tag auf den anderen aufbrechen können und kleine Blätter hervorsprießen lassen. Beobachten Sie, wie an manchen Stellen schon neues Gras wächst und an anderen noch keines. Je nachdem, um welche Baumart es sich handelt, sind an manchen Zweigen schon deutlich Blätter zu sehen, während andere noch Knospen tragen. Auch im Frühling erkennen wir, dass die Bäume, Sträucher, Blumen und Gräser einen eigenen Rhythmus haben. Dem Kalender nach ist es Frühling. Doch schauen wir genauer hin, so stellen wir fest, dass einige Pflanzen bereits das Stadium des Sommers erreicht haben. Primeln zum Beispiel zeigen sich jetzt in voller Blüte, ebenso die Forsythien und andere Frühblüher. Schauen wir uns in unserem Garten nun weiter um. Sie finden einen Krokus. Einige seiner Blütenkelche sind bereits am Verblühen. Dieser Krokus hat also bereits das Stadium des Spätsommers und des Herbstes erreicht. Und so wandern Sie weiter in Ihrem Garten umher und stoßen im Schatten eines Baumes auf einen Flecken nackten Bodens. Braune Erde – und sonst nichts. Hier ist kein Wachstum zu sehen – es ist noch Winter.
Nun erinnern Sie sich bitte an die Lebensphase, in der Sie selbst herangewachsen sind. Wie fühlten Sie sich im Frühling Ihres Lebens? Sie durchlebten starke Wachstumsschübe und Phasen des Stillstands. Sie waren neugierig auf alles in der Welt und es drängte Sie danach, das Leben zu entdecken. Der Schwerpunkt Ihres Lebens lag damals in der Expansion. Ihr Potenzial war die Kraft des Aufbruchs, und Sie konnten sich

damals nicht vorstellen, dass Ihre Kräfte, die ja immer weiter gewachsen sind, eines Tages weniger werden könnten. Ihr Körper drängte danach, groß und kräftiger zu werden. Und doch haben auch Sie im Frühling Ihres Lebens bereits das Abschiednehmen kennen gelernt. Als Sie den Kinderschuhen entwachsen waren, mit 14 oder 15, haben Sie sich von Ihrer Kindheit verabschiedet. Damals waren Sie vielleicht zum ersten Mal bewusst mit dem Phänomen der Vergänglichkeit konfrontiert. Wie haben Sie dieses Erlebnis damals wahrgenommen?
Nun gehen wir zurück in unseren Garten. Es ist inzwischen Sommer geworden. Die Krokusse und Primeln haben sich längst vollkommen in die Erde zurückgezogen. Für sie ist jetzt der Winter angebrochen. Wandern Sie nun wieder ein wenig umher, und kommen Sie zu den Sommerblumen. Der Lavendel steht in voller Blüte, die Rosenknospen sind aufgebrochen und senden einen betörenden Duft aus. Lassen Sie die sommerliche Stimmung im Garten sich auf Ihr Lebensgefühl übertragen. Sie fühlen sich beschwingt, beweglich, voller Tatendrang.
Wie fühlten Sie sich damals in der Blüte Ihres Lebens? Wir wollten hinaus und uns unseren Platz in der Welt suchen. Vielleicht haben Sie einen Partner gefunden und geheiratet, ein Haus gebaut, ein Kind bekommen. Das Schwerpunktthema Ihres Lebens hieß: Ich sichere meine Existenz und behaupte meinen Platz. Und genau hier steckte das Potenzial dieser Lebensphase.
Wie sahen Sie damals aus? Ihr Körper war stark, Sie befanden sich auf der Höhe Ihrer Leistungsfähigkeit, nach jeder Krankheit konnte Ihr Körper sich schnell wieder erholen. Und doch gab es auch damals schon erste Anzeichen der Vergänglichkeit. Wenn Sie sich überarbeitet haben, fühlten Sie sich gestresst und kämpften mit dem Burnout. Vielleicht führte das Erziehen der Kinder Sie immer wieder an Ihre Grenzen. Aber es gab auch Parallelen zum Frühling. Denken Sie nur daran, was Sie

als junger Erwachsener alles neu entdeckten. Vielleicht haben Sie eine Sportart erlernt oder sind in neue Aufgaben hineingewachsen. Irgendetwas haben Sie sicher zum ersten Mal getan, von anderen Dingen haben Sie sich verabschieden müssen. Auch im blühendsten Erwachsenenalter gab es Phasen der Ruhe und des Rückzugs.

Gehen wir noch einmal in den Garten. Es ist inzwischen Herbst geworden. Die Pflanzen und Bäume tragen Früchte. In den Wildrosenbüschen leuchten rote Hagebutten. Die Äpfel und Birnen sind reif. Alle tragen die Samen in sich, die Saat des Frühlings. Schauen Sie sich weiter in Ihrem Herbstgarten um. Wo im Frühjahr die Krokusse blühten, zeigen sich jetzt ihre Schwestern, die Herbstzeitlosen. Für sie ist jetzt die Phase des Sommers angebrochen, sie stehen in voller Blüte, das Gleiche gilt für die Astern und Dahlien, die Blumen des Herbstes. Und die Blätter der Bäume zeigen sich noch einmal in den leuchtendsten, lebendigsten Farben. Das satte Grün hat Platz für eine bunte Vielfalt gemacht.

Erntezeit ist die Zeit der Transformation. Im Herbst des Menschen beginnt die Phase der geistigen Reife, man erntet Weisheit und tiefere Einsichten über die Dinge des Lebens. Das Lächeln wird mild und nachsichtig, und oft wird man von anderen aufgesucht, die Rat und Hilfe brauchen. Auch in der Ernte des reifen Menschen verbirgt sich eine Saat. Er verspürt das Bedürfnis, seine Erkenntnisse und Einsichten zu verbreiten. Sein Potenzial ist die Lebenserfahrung.

Im Garten ist es Winter geworden. Das Laub ist von den Bäumen gefallen, das Obst geerntet und die Felder sind umgepflügt. Die Natur bereitet sich auf Ruhe und Rückzug vor. Trotzdem ist bereits für die Erneuerung im Frühling vorgesorgt, denn genau da, wo die Blätter abgefallen sind, wächst der Ansatz für die Knospe im nächsten Jahr. Gehen Sie in Ihrem Garten spazieren, schauen Sie sich um, und erkennen Sie den Neubeginn, der in jedem Ende steckt. Ende Dezember fei-

ert die Natur das Fest des Umschwungs, dem längsten Tag des Jahres folgt die Zunahme des Lichts. Die Erde erneuert sich in der Ruhe – und so geschieht es auch im Winter des Lebens.
Wir sehnen uns nach Ruhe und Frieden, und gleichzeitig entwickeln wir wieder eine neue Kindlichkeit. Wir freuen uns an den kleinen Dingen des Lebens, wir sind heiter gestimmt und unsere Wertigkeiten haben sich geändert. Der Geist ist auf das Naheliegende gerichtet. Vieles wird wieder einfach, von vielen Themen haben wir uns verabschiedet. Das Potenzial des Alters heißt Ruhe und Frieden.
Stellen Sie sich vor, wie Sie in 20 oder 30 Jahren sein werden. Wie und wo möchten Sie gerne leben, wie würden Sie gerne sein? Malen Sie sich aus, in welcher Form Sie die Ruhe und den Frieden des Alters genießen können.
Wenn Sie Ihr Bild beendet haben, kommen Sie bitte langsam wieder in die Realität Ihres jetzigen Lebens zurück. Spüren Sie dann noch einmal das Potenzial der Lebensphase, in der Sie sich gerade befinden und danken Sie dem Leben für dieses Geschenk.

Kapitel 4
Im Paradies der langen Weile

Lange Weile ist einer der luxuriösesten Zustände unserer Zeit. Doch um ihr Geheimnis zu erfahren, müssen wir erst die Hölle der Langeweile durchschreiten.

Die Angst vor Überdruss und Leere

Bei mir um die Ecke gibt es einen Supermarkt, in dem ich gerne einkaufe, weil ich die Kassiererin mag. Ihr Job besteht aus etwa sechs Handgriffen, die sie jeden Tag hunderte von Malen wiederholt: Ware anfassen, das Preisschild über den Scanner ziehen, Ware zur Seite schieben, Kasse öffnen, Geld kassieren, Rückgeld herausgeben. Sie macht diese Arbeit nun schon einige Jahre. Tagtäglich, Woche um Woche. Trotzdem ist sie immer hübsch zurechtgemacht, grüßt jeden Kunden mit einem Lächeln und hat bei passender Gelegenheit gerne Zeit für ein freundliches Wort. Ich stelle mir vor, dass sie sich nach Feierabend auf ihre Familie freut, sich oft mit Freunden trifft und ein sehr lebendiges Leben führt.

In einem der schicken renovierten Altbauten neben dem Supermarkt wohnt ein etwa 30-jähriger, gut aussehender Mann. Er hat gleich nach dem Abschluss der internationalen Business-School einen vielseitigen, gut dotierten Job in der Modebranche bekommen. Seit ein paar Jahren ist er nun ständig zu den Modemessen zwischen Paris, New York und Mailand unterwegs. Ich sehe ihn oft in Begleitung von Models. Nur abends sitzt er manchmal alleine an der Bar eines Szenelokals. In unbeobachteten Momenten sehe ich dann, wie seine Maske fällt. Sein Blick wird leer, sein Gesichtsausdruck bekommt etwas Angewidertes. Was mag dieser junge Mann wohl tun, wenn er in seine Designer-Wohnung zurückkehrt? Er wird sich lustlos aufs Sofa werfen und durch die Fernsehkanäle zappen. Doch was er sieht, lässt ihn vermutlich kalt. Alles kommt ihm irgendwie »gehabt« vor. Frustriert studiert er die Kinoprogramme: Wieder nichts Interessantes dabei. Es wäre noch eine Schreibarbeit zu erledigen, ein paar Rechnungen abzulegen. Aber er kann sich zu nichts aufraffen. Aus Langeweile schaut er in den Kühlschrank, isst etwas, doch das Essen schmeckt ihm fad. Nach ein paar Bissen lässt er es stehen, die Putzfrau wird es schon wegräumen.

Langeweile ist die Not
derer, die keine Not kennen.

Langeweile ist ein schleichendes Gift. Es beraubt den Menschen seiner Menschlichkeit, tötet seinen Geist und taucht sein Leben in düsteres Grau. Was kann am Sein noch reizvoll sein, wenn alles ringsherum zu einer öden, formlosen Masse verkommen ist? Philosophen, Dichter und Denker beschreiben das Phänomen der Langeweile als eine der schlimmsten Geißeln der Menschheit, und wer sie durchleidet, der stimmt ihnen zu: Sie ist schlimmer als der Tod, sie ist der Tod mitten im Leben. Lähmung und Apathie, Überdruss und Ekel, innere Leere, Erstarrung und Leblosigkeit mit gleichzeitiger Gier nach Sensation und Spannung, Gefühllosigkeit und Erlebnisarmut – das sind nur ein paar Gesichter dieses unerträglichen Zustandes, in dem eine Sekunde zur Ewigkeit werden kann.

Wie sehr wir es fürchten, uns bei lebendigem Leibe wie tot zu fühlen, zeigt die gigantische Unterhaltungsindustrie. Kinos, Medien, die ganze Vergnügungs- und Actionkultur zehrt von dieser Angst. Damit nicht mal ein Hauch des verderblichen Lebensgefühls uns erreichen kann, werden Millionen und Abermillionen investiert. Mir scheint es manchmal, als sei unser gesamtes, zivilisiertes Leben einzig darauf ausgerichtet, uns vor der Erstarrung zu bewahren.

Ablenkung ist zwecklos

»Dir ist fad? Komm doch mit heute Abend, wir gehen zu einem Fest bei Soundso.« Ablenkung ist das übliche Mittel, um sich aus dem Sog der Langeweile zu befreien. Man stürzt sich in die Geselligkeit im Wirtshaus oder sucht beliebige, andere »Menschengetümmel« auf. Im Getriebe von Ausstellungen, Verkaufsschauen oder Volksfesten passiert so vieles, darüber vergeht die Zeit wie im Flug. Bei solchen Zerstreuungen sammeln wir eine Überdosis von Eindrücken, haben den zu Hause Gebliebenen viel zu berichten. Doch Hand aufs Herz – was haben wir unterm Strich wirklich erlebt? Hatten die Ereignisse irgendeine Wirkung, von der wir zehren könnten? Was bleibt von der ganzen Kurzweil übrig? Wenig bis gar nichts. Und so muss gleich anschließend wieder nach neuen Ereignissen gesucht werden. Aus dem Blickwinkel der Psychologie schafft eine Verkürzung der Zeit nur Leerräume, die danach dürsten, erneut gefüllt zu werden.

Kurzweil ist nicht
das Gegenteil von Langeweile,
sondern ihre Vorstufe.

Eine ebenso beliebte Anti-Langeweile-Strategie ist Konsum. Wie wir an den Beispielen der Fashion-Victims und Vergnügungsjunkies sehen, macht Konsum aber nur kurzfristig glücklich, langfristig jedoch abhängig und verstrickt uns zudem in einen fatalen Kreislauf. Egal, an welchen Befriedigungen wir uns berauschen – ob Essen, Alkohol, Drogen, Sex, Geldspiele oder Kaufrausch: Das Loch, das sich anschließend auftut, wird jedes Mal ein Stückchen tiefer. Und ganz unten wartet das tödliche Gähnen.

Je verzweifelter wir versuchen, ihr zu entkommen, desto hartnäckiger verfolgt uns die Langeweile. Selbst Fluchtversuche durch Reisen, Abenteuer und neue Begegnungen mit Menschen können nach der Heimkehr im seelischen Kahlschlag enden, denn sie bedeuten ja nichts anderes als den Wechsel der Kulissen. Wer kennt ihn nicht, den deprimierenden Augenblick, wenn man vom Urlaub zurück den Hausschlüssel ins Schlüsselloch steckt und der Alltag mit seiner Belanglosigkeit einen wieder hat?

Schon vor 2.000 Jahren hat der römische Philosoph Seneca die Not beschrieben, die den Menschen angesichts des leeren Kreislaufs des Lebens mit der immer gleichen Wiederkehr überfällt. Wer im Wechsel nichts Neues entdecken kann und auch nichts Neues tut, dem wird eines Tages selbst die Veränderung fad.

Man kann die Menschen in drei Arten
Einteilen: In solche, die sich
Zu Tode arbeiten, solche, die sich
Zu Tode vergnügen und solche,
die sich zu Tode langweilen.

Zu viel Kurzweil wird also auch mit der Zeit langweilig. Also ziehen wir uns immer wieder einmal in die Natur zurück, am besten in einer Wellness-Oase. Dort lassen wir die Seele baumeln und Körper und Geist regenerieren. Gefühle von Ruhe und Zeitlosigkeit kommen auf. Endlich mal ausspannen – was für ein Traum. Doch die Wahrheit ist, dass wir das Paradies nicht lange ertragen. In unserer schnelllebigen Welt verliert die Idylle rasch ihren Glanz, dann müssen neue Reize her. Die Veranstalter wissen sehr genau, wie klein der Schritt der langen Weile zur Langeweile ist. Nichts macht den überreizten Geist nervöser als zu viel Ruhe. Also bekommen wir auch noch in der Erholungsindustrie Abwechslung geboten, von exotischen Massagen über Aromabäder bis hin zur internationalen Saunakultur. Immer wieder neue Erlebniswelten, immer raffiniertere Entspannungsmethoden aus noch ferneren Ländern der Welt. Und alles nur, damit das eine nicht aufkommt.

Wer mich verwundet,
hat nur meinen Körper verletzt.
Wer mich aber langweilt,
ermordet meine Seele.

Wer hat Angst vor dem schwarzen Loch?

Die viel zitierte Angst vor der Leere, der *horror vacui*, wird schon in der Antike beschrieben. Die alten Griechen meinten damit die Urangst des Menschen vor schwarzen Löchern, die alles, was sich ihnen nähert, verschlingen und ins Verderben stürzen. Aber haben wir diese Story denn schon einmal hinterfragt? Was passiert denn wirklich, wenn die üblichen Reize ausbleiben, wenn keine Aufgabe zu erfüllen, kein Ziel mehr anzustreben ist? Was geschieht, wenn alles wegfällt, was uns ausmacht? Etwas, das vielleicht viel schlimmer ist als ein Abgrund: Wir stehen uns selbst gegenüber. Wir, die wir gewohnt sind, uns über Arbeit, Leistung, Image zu definieren, stehen vor einem Ich ohne alle Zutaten. Nichts lenkt uns mehr ab von dieser Begegnung, und das ist unser Problem. Denn nun kann es passieren, dass wir uns in einer Kleinheit sehen, die so gar nicht in unser Selbstbild passt. Alle Orientierungen, Ziele und Erfolge werden plötzlich brüchig, die ganze Fragwürdigkeit unserer Lebensinhalte wird sichtbar, die Hohlheit unseres Lebens. Was bleibt, wenn nichts mehr da ist? Die Angst vor der Langeweile ist die Angst vor einer existentiellen Einsicht, die heißt: Ich bin nichts.

Mit den großen Fragen des Lebens konfrontiert zu werden, kann selbst der hart gesottensten Frohnatur den Boden unter den Füßen wegziehen. Wir fürchten zu erkennen, dass unser Dasein womöglich gar keinen Sinn aus sich heraus haben könnte. Gibt es noch etwas hinter dem schwarzen Loch als das Nichts? Und wie, vor allem, kommt man aus dem Abgrund wieder heraus? In der Langeweile ist der Augenblick nicht mehr mit Leben angefüllt, sondern leer, abstrakt, nicht fühl- und spürbar. Er wird zu einer Bedrohung – groß, leer, nichtssagend, unendlich lang. Jeder Moment ist wie der nächste und der übernächste, und doch können wir ihm nicht entkommen, er muss gelebt werden. Langeweile ist das lebensbedrohlichste Gefühl, das es gibt, denn in ihr erlischt alles Lebendige. Auch in der Redewendung, uns sei

»sterbenslangweilig« oder »wir langweilen uns zu Tode« finden sich diese Ängste wieder.

Wer vor der Langeweile flieht,
der flieht vor dem Tod
und vor der Tatsache,
dass er keine Antwort
auf die Frage nach dem Sinn
des Lebens hat.

Langeweile hat viele Gesichter

Rein psychologisch gibt es die Langeweile an sich allerdings gar nicht. Sie taucht immer nur in Bezug auf eine Person oder eine Situation auf. Es gibt eine ganze Menge Menschen, die dieses Gefühl nicht einmal kennen (auf sie kommen wir noch zu sprechen). Für den Zen-Schüler zum Beispiel wird das Kehren eines Weges zum Lehrmeister für Augenblick-Bewusstsein, für den Angestellten im städtischen Straßendienst zum lähmenden Frustfaktor. Ob eine Tätigkeit oder eine Situation Langeweile auslöst oder nicht, hängt also ganz entscheidend von der Persönlichkeit und den Lebensthemen der Person ab. Trotzdem gibt es auch objektive Kriterien für diesen gefürchteten Zustand.
Die am leichtesten zu behandelnde Form ist die *Kontext-Langeweile.* Sie entsteht nur in bestimmten Situationen, wenn uns Personen, Dinge oder Sachverhalte langweilen. Für mich ist Kontext-Langeweile die einzige Art von Langeweile, die ich kenne und deshalb meide wie die Pest. Sie ereilt mich zum Beispiel sehr schnell beim Herumsitzen in bayrischen Biergärten oder wenn ich unfreiwillig in einer Schar von Kuchenbäckerinnen lande, die Rezepte für Weihnachtsplätzchen austauschen. Aber auch beim Monopoly-Spielen und beim sonntäglichen Spazierengehen durch Fußgängerzonen kann sie mich überfallen. Kontext-

Langeweile hat mit einem Missverhältnis zwischen Reizniveau und Erregungsbedürfnis zu tun und ist eine gottlob vorübergehende Erscheinung. Ihr entflieht man erfolgreich, indem man entsprechende Situationen einfach meidet.

Schwieriger wird es bei Langeweile Nummer zwei, der *Langeweile-Neurose.* Sie ist ein unspezifisches Grundgefühl, das alle Lebensbereiche als gefühlsmäßige Leere durchzieht.
Der eingangs beschriebene junge Mann teilt dieses Lebensgefühl mit vielen anderen, reizübersättigten Menschen, die übrigens in allen Altersklassen anzutreffen sind. Besonders häufig scheint mir diese Form aber bei Menschen aus höheren Gesellschaftsschichten und in Branchen vorzukommen, in denen ein dekadenter Lebensstil gepflegt wird. Häufig wendet sich diese Art von Langeweile nach innen und endet in Apathie und dumpfer Gleichgültigkeit. Gegen diese Langeweile hilft keine Flucht, sondern nur ein veränderter Blick auf das Leben. Ganz sicher kann die Schule des Augenblick-Bewusstseins einen Menschen von dem quälenden Gefühl von Überdruss befreien.

Die dritte Form nennt sich *Entwicklungs-Langeweile.* Auch sie beschreibt ein grundlegendes Lebensgefühl, tritt aber nur in Übergangsphasen des Lebens auf – etwa wenn man sich in einer Beziehung, in einem Job, in einer sozialen Umgebung nicht mehr wohl fühlt, weil Lebensinhalte nicht mehr stimmen oder sich quälende Muster wiederholen. Entwicklungs-Langeweile ist für die Betroffenen ein Anstoß, die längst fällige Neuorientierung in Angriff zu nehmen.

Heil aus der Langeweile

Kann ein aus dem Augenblick heraus gelebtes Leben denn nun tatsächlich von Langeweile befreien? Es kann! Philosophen und

Gelehrte predigen seit Jahrtausenden, dass der Langeweile nur mit einem Mittel zu begegnen ist: Mit der Kunst, sich selbst zu genießen und aus eigenen, inneren Quellen zu schöpfen. »Haben oder Sein«, der legendäre Buchtitel von Erich Fromm zeigt in prägnanten Worten, worum es geht. Wer sich vom Haben zum Sein entscheidet, für den bleibt Langeweile kein Feind mehr, sie wird zum Lehrmeister. Die Begegnung mit uns selbst, die wir in der Langeweile erfahren, kann uns zwar in tiefe Ängste stürzen, aber auch in ungeahnte Höhen katapultieren. Meilen in der persönlichen Weiterentwicklung könnten wir zurücklegen, würden wir uns dem Thema richtig stellen. Und richtig bedeutet in diesem Fall – mit den Regeln und der geistigen Haltung der Achtsamkeit.

Hier die wichtigsten Schritte, um von der Langeweile in die lange Weile zu kommen:

Hören Sie auf zu kämpfen!

Die Schule der Achtsamkeit lehrt uns, dem Leben gegenüber eine annehmende, positive Haltung einzunehmen. Wir lernen, alles anzunehmen, und dazu gehört auch die Langeweile. Sie ist ein Teil des Lebens und gehört zu unserem Empfindungsspektrum, ebenso wie Zustände des Glücks, der Frustration, der Fülle. Nehmen Sie also Langeweile wahr, wenn sie aufkommt und würdigen Sie sie. Der Rest erledigt sich meistens wie von selbst.

Kommen Sie in den Augenblick!

Augenblick-Bewusstsein ist das beste und wirksamste Heilmittel gegen Langeweile. Das Gefühl, in Langeweile zu versinken, macht uns arm und schenkt uns ein Gefühl der Leere. Das Gefühl, im Augenblick zu leben, macht uns reich und schenkt uns

ein Gefühl der Fülle. Während der gegenwartsbewusste Mensch das Leben als Quelle des Glücks, des Überflusses und des reichen Erlebens spürt, entgleitet es dem Gelangweilten in ganz besonders starkem Maße ungenutzt.
Entschließen Sie sich also bewusst, im Hier und Jetzt zu sein. Die Fähigkeit, den Augenblick auszukosten, reicht eigentlich schon, um dem Erleben eine neue Qualität zu schenken. Das Leben verliert auf der Stelle seine Gleichgültigkeit und gewinnt neue Bedeutung.

Erkennen Sie, wann Sie Reize brauchen und wann nicht!

Ein gesundes Leben braucht den bewussten Wechsel von Anspannung und Entspannung, von Aktivität und Passivität, Festhalten und Loslassen. Erlauben Sie sich ganz bewusst Phasen, in denen Sie die Außenreize ausblenden und sich der Entspannung in reizarmer Umgebung hingeben. In Maßen genossen, die Sie selbst bestimmen, ist das nicht nur ein Genuss, sondern auch ein hervorragendes Gegenmittel bei Stress und Reizüberflutung. Bewusst genossen, verwandelt sich Langeweile in einen Freiraum, der Ihnen den Blick nach innen öffnet und neue Erlebniswelten erschließt.

Werden Sie langsam!

Der Begriff der »Entschleunigung« ist zum Motto der »Slow-Bewegung« geworden. Wer Zeit nicht verleben, sondern erleben will, braucht Phasen gedehnter Zeit, in der er sich erlebnisorientiert, nicht ergebnisorientiert verhalten kann. Nehmen Sie sich also ganz bewusst Zeit, um sich eine Meinung zu bilden oder in ein Problem, in eine Person oder Situation hineinzudenken. Machen Sie sich mit dem Gedanken vertraut, dass Sachlagen sich ganz anders und viel differenzierter darstellen können, wenn Sie lange in ihnen verweilen oder sich in sie vertiefen. Nur mit der

»Slow-Strategie« können Sie richtig Prioritäten setzen und Wesentliches von Unwesentlichem unterscheiden. »Ich brauche Zeit zum Nachdenken«, sagen wir nicht umsonst vor wichtigen Entscheidungen.

Keine Angst vor freier Zeit!

Das Wochenende naht und Sie haben nichts vor – das sollte keine Schreckensvision sein, sondern eine Einladung, sich der Muße zu widmen. Es gehört zur gesunden Bewältigung des Lebens, mit leeren Zeiten umzugehen und diese zur persönlichen Weiterentwicklung zu nutzen.

Nicht vorschnell handeln!

Warten und Aushalten können sind Fähigkeiten, die vielen von uns schwer fallen. Deswegen neigen wir in Zeiten des Stillstands zu vorschnellen Entschlüssen, nur damit etwas weitergeht. Blinder Aktionismus bringt aber meistens nur kurzfristige Problemlösungen. Geduld aufzubringen heißt in diesem Fall also mehr als nur Ausharren, sondern ein ganz bewusstes Aushalten eines unangenehmen Zustands.

Deuten Sie den leeren Raum um!

Was wir abwehren, das bleibt uns – einer der großen Grundsätze der Achtsamkeit. Machen Sie Langeweile also besser nicht zu Ihrem Feind, sondern gehen Sie freundschaftlich mit ihr um. Das Nichts, dem Sie begegnen, muss nicht Tod oder Abgrund bedeuten, sondern kann als freier Raum verstanden werden, in dem Sie mit sich selbst in einen Dialog treten und neue Räume in sich erforschen. Persönliches Wachstum braucht Leerräume!

Halten Sie durch!

Wie gesagt kann Langeweile ein Hinweis darauf sein, dass Sie sich an der Schnittstelle zwischen zwei Lebensphasen befinden. Wenn Sie das Gefühl haben, dass dies bei Ihnen der Fall ist, ist Langeweile mit der Ruhe vor dem Sturm vergleichbar und muss einfach durchgestanden werden. Desorientierung, Chaos und Widerspruch sind Teile des Phänomens.

Lieben Sie die Leere!

Wir tun uns schwer mit Leere in jeder Form. Unausgefüllte Räume, im innen wie im außen erwecken Angst und das Bedürfnis, etwas hineinzustellen – Hauptsache, die Leere ist weg. Doch dabei kann es geschehen, dass wir den leeren Raum mit etwas füllen, das uns gar nicht gut tut und wir vielleicht nicht einmal mögen. Langeweile hat also auch viel mit Ungeduld zu tun, mit ausfüllen statt aushalten. Doch nur wenn wir Leerstellen im Leben aushalten können, bekommen wir die Chance, dass eines Tages genau der Zug bei uns anhält, der uns in die richtige Richtung bringt.

Tun Sie Dinge ohne Ziel und Zweck

Zu Beginn des Kapitels habe ich bereits erwähnt, wie schnell der Effekt des Zeitvertreibs verpufft. Egal, ob Sie ein Buch lesen, Karten spielen oder Kreuzworträtsel lösen – früher oder später wird die Tätigkeit Sie langweilen. Das ist ja auch der Grund, warum die Vergnügungsindustrie und blinder Aktionismus immer nur kurzfristig funktionieren: Ist das Vergnügen oder das Unternehmen vorbei, wird uns das gähnende Loch umso bewusster. In der Kunst der Achtsamkeit werden Tätigkeiten ohne Ziel und Zweck, also nur um ihrer selbst ausgeübt. Suchen Sie sich also Beschäftigungen, die nicht dazu dienen, Sie abzulenken oder zu zerstreuen, sondern etwas, das Sie gerne tun und machen Sie es mit Hingabe und legen Sie Ihre volle Aufmerksamkeit hinein.

Setzen Sie sich Aufgaben mit höherem Sinn!

Langeweile kann sich nur in einem Leben breit machen, dessen Sinn auf die eigene Person und die Erfüllung der eigenen Bedürfnisse beschränkt ist. Wohltätige, hilfsbereite Menschen und solche, die ihr Lebenswerk in den Dienst eines höheren Ganzen stellen, kennen dieses Problem nicht. Suchen Sie also nach Orientierungen und Zielsetzungen, die sozialen und altruistischen Motiven entspringen und sich nicht nur mit den nahe liegenden und konkreten Problemstellungen des Lebens befassen. Damit schaffen Sie eine Verbindung zur geistigen Ebene. Ohne eine gefestigte innere Verbindung zu einer höheren Instanz fehlt uns ein Teil unserer Stärke. Ein Mensch, der sich nur mit seiner Existenz beschäftigt, der sich nur mit der Lösung von Aufgaben befasst und nicht an einer größeren Welt teilnimmt, wird immer wieder von der Langeweile eingeholt. Woran man glaubt, ist dabei übrigens zweitrangig. Peter Ustinov hat einmal gesagt, ihm sei ein Mensch, der nur an einen Baum glaubt, lieber als einer, der an nichts glaubt. Das Höhere kann uns in der Natur begegnen, in der Kirche und an vielen anderen Orten. Es begegnet uns auch in einer sinnvollen Tätigkeit.

Wie der Wind

In der chinesischen Elementelehre entspricht unser Bedürfnis nach Spiritualität und die Suche nach höheren Erkenntnissen der Energie des Windes. Wenn Sie Ihre Verbindung zu den geistigen Kräften intensivieren möchten, können Sie sich der Windenergie mit einer kleinen Phantasiereise bewusst werden:

Legen Sie sich hin, atmen Sie tief durch und entspannen Sie. Stellen Sie sich vor, dass Sie an einem warmen Spätsommertag auf einer großen, grünen Wiese stehen. Die Sonne scheint von einem tiefblauen Himmel. Sie halten eine Schnur in der Hand und verspüren von der Hand aus einen leichten Zug nach oben. Sie schauen nach oben und sehen, dass am Ende der Schnur ein Drachen tanzt. Schauen Sie sich diesen Drachen genauer an – Farbe, Größe, Form, alles erschließt sich vor Ihrem betrachtenden Auge. Schauen Sie hin, wie er sich bewegt. Spüren Sie nach, ob die Bewegungen, die Ihr Drache am Himmel vollführt, auch in Ihnen eine Bewegung auslöst. Vielleicht bekommen Sie plötzlich Lust, auf der Wiese umherzulaufen oder selbst eine Pirouette zu drehen. Geben Sie Ihrem Impuls nach und bewegen Sie sich, wie es Ihnen gefällt. Tanzen Sie, hüpfen Sie, fühlen Sie sich frei und leicht wie der Wind. Trotzdem spüren Sie auch noch den Boden unter sich. Sie fühlen das Gras der Wiese und sind sich bewusst, dass Sie nach unten und nach oben mit der Welt verbunden sind. Sie fühlen die Kraft der Erde unter sich, und der Drache ist Ihre Verbindung zu Ihrem höheren Selbst. Im chinesischen Horoskop verkörpert der Drache die menschliche Seele. Mit diesem Wissen kehren Sie langsam wieder in die reale Welt zurück. Öffnen Sie die Augen erst, wenn Sie angekommen sind.

Wer versucht, die Zeit totzuschlagen,
vergisst, dass sie ihrerseits darauf aus ist,
uns totzuschlagen

Achtsam am Bahnhof

Stellen Sie sich vor, Sie stehen am Bahnhof eines kleinen, gottverlassenen Dorfes und warten auf einen Zug. Da hören Sie über den Lautsprecher, dass Ihr Intercity zwei Stunden Verspätung hat. Kein Mensch weit und breit, kein Auto, kein Taxi. Sie sind gezwungen, die nächsten beiden Stunden Ihres Lebens an diesem Bahnhof zu verbringen. Statt sich zu ärgern oder zu langweilen, können Sie die Gelegenheit ergreifen und Lebens-Zeit-Bewusstsein praxisnah umsetzen. Gehen Sie einfach achtsam mit der Situation um, in der Sie sich befinden. Damit aus Langeweile eine lange Weile wird, brauchen Sie die Ingredienzen der Achtsamkeit: Ungeteilte Aufmerksamkeit und liebevolle Zuwendung und schon sind Sie auf dem richtigen Weg. Schauen Sie sich also mit offenen Augen und offenem Herzen um, wo Sie gelandet sind. Setzen Sie sich in Bezug zu dieser Umgebung, verbinden Sie sich mit dem Leben. Sie müssen nichts bewerten, einfach nur wahrnehmen. Riechen Sie die Luft, lassen Sie die Augen über Schienenlandschaften, Stromkabel, Masten und Wartehäuschen wandern. Lauschen Sie den Geräuschen. Entspannen Sie sich in die Situation hinein. Vielleicht gibt es eine Bank, auf der Sie sich niederlassen können, um in Ruhe zu verweilen. Das Schicksal hat Ihnen zwei Stunden Zeit geschenkt. Danken Sie ihm dafür. Was für ein Genuss.

Eine kleine Erlebniswelt

Wenn Sie Lust haben, die Kunst der langen Weile zu verfeinern, können Sie sich nun eine kleine eigene Erlebniswelt kreieren. Es handelt sich dabei um einen Akt hoher Kreativität, den Kunstschaffende benutzen, um in den Glückszustand des »Flow« zu kommen, in dem man vollkommen mit dem Tun verschmilzt. Je spielerischer Sie sich herantasten, desto besser.

Suchen Sie sich ein Objekt, bei dem Sie lange, intensiv und mit Freude verweilen können. Es soll etwas sein, in dem Sie richtig aufgehen können, in dem sich Ihnen ein neues Universum erschließt. Ich liebe es zum Beispiel, mich beim Warten an Bahnhöfen in die Beobachtung von Blumen oder Pflanzen zu vertiefen, die zwischen Pflastersteinen oder im Schotter zwischen den Schienen wachsen. Ich schaue genau, wo die winzigen Wurzeln sich haben festhalten können und staune, auf wie wenig Erde noch Wachstum möglich ist. Oder ich begebe mich in den Mikrokosmos einer Ameise, eines Käfers oder Spinnentieres. Ich beobachte, was es tut, wie es sich bewegt, wie es hin-

und herläuft. Ich frage mich, ob so ein Tier mich wahrnimmt und wenn ja, wie. Kann es mich durch seine Facettenaugen sehen? Spürt es vielleicht sogar, dass ich ihm wohl gesonnen bin? Manchmal spreche ich zu dem Insektenwesen und freue mich, wenn es kurz stehen bleibt und mit den Fühlern wackelt. Wer weiß schon, ob unsere Welt nicht auch von riesigen Wesen beobachtet wird, die uns wie winzige Insekten wahrnehmen und achtlos zerdrücken oder zertreten können, wie wir es mit Ameisen tun.

Das Geheimnis der langen Weile

Im Verweilen wechseln wir die Perspektive. Weil wir neu und anders hinschauen, erleben wir die Welt und uns selbst als neu und anders. Wir geben uns zeitverloren dem Augenblick hin. Zeit spielt dabei keine Rolle mehr, sie wird einfach vergessen. Und im Gegensatz zum Zeitvertreib erleben wir nun das Glück, dass uns nach einer Tätigkeit etwas Wertvolles zurückbleibt: eine echte, tiefe Erfahrung, eine lebendige Empfindung, die vielleicht sogar mit einer weiteren Erkenntnis verbunden ist und Ideen nach sich zieht. Diese Wartezeit bleibt in unserem Gedächtnis als wertvolle Zeit gespeichert. Und ganz nebenbei war sie sogar wirklich kurzweilig.

Mit Hilfe liebevoller Aufmerksamkeit kann es uns also gelingen, die als leer erlebte Zeit der Langeweile in die erfüllte Zeit der langen Weile zu verwandeln. Es ist nicht schwer, aber es braucht eben Lebens-Zeit-Bewusstsein, um den Schalthebel zu betätigen.

Innehalten und jeden Laut zählen!
Innehalten und jeden Stein sehen!
Innehalten und den Wind hereinlassen!
Innehalten und nicht jemand sein müssen!

Die Verbindung mit Glück und Dankbarkeit

Mit der folgenden Meditation möchte ich Ihnen das Gefühl des Verbundenseins vermitteln. Das Leben im Augenblick schenkt uns die beglückende Erfahrung, dass alles miteinander verbunden ist und nichts aus sich heraus existiert. Gleichzeitig lernen wir, uns aktiv mit dem Leben zu verbinden. Wir treten in Kontakt mit unserer Außenwelt, lassen uns berühren und bewegen. Damit erleben wir uns nicht mehr als isolierte Einheiten, denn von allem, was wir erlebt haben, ist etwas in uns eingeflossen. Alles, was wir gegessen haben, ist Teil von uns geworden. Der Körper ist nicht getrennt vom Essen, unsere Nahrung ist nicht getrennt von der Erde, der Sonne, dem Wasser. Es ist wichtig, dass wir uns das immer wieder ins Bewusstsein rufen, denn damit verbinden wir uns mit unserer eigenen Quelle.
Indem wir erkennen, dass wir alle miteinander verbunden und voneinander abhängig sind, ist es uns nicht mehr möglich, Langeweile zu entwickeln, denn wir verstehen nun, dass die Gesamtheit des Lebens sich in uns befindet. Wie kann das Gefühl von Leere entstehen, wenn wir spüren, dass wir ein Teil des Ganzen sind! Glück entsteht spontan in Augenblicken, in denen wir uns nicht getrennt fühlen, sondern mit der Gegenwart verschmelzen. Dann kommt jenes Gefühl von Wärme und Seligkeit auf, das unser Herz vor Liebe überströmen lässt. Wie wunderbar es ist, sich mit seiner Essenz auf diese Art zu verbinden.

Die anschließende Dankbarkeitsmeditation hilft Ihnen, das Gefühl von Liebe und Dankbarkeit für die Welt in der Sie leben, zu vertiefen.

> *Suchen Sie Ihren Meditationsplatz auf, zünden Sie sich eine Kerze an, atmen Sie einige Male ein und aus und kommen Sie innerlich zur Ruhe.*

Lassen Sie zunächst ein Gefühl der Dankbarkeit für Ihr Meditationskissen entstehen. Danken Sie dem, der den Sitz genäht und gefertigt hat. Danken Sie all den Elementen, die an seiner Entstehung beteiligt waren. Und danken Sie Ihrem Kissen, dass es Sie trägt.

Dehnen Sie nun Ihre Dankbarkeit auf das Gebäude aus, in dem Sie sich gerade befinden. Es gibt Ihnen Schutz und Sicherheit und ermöglicht es Ihnen, hier zu sitzen und zu meditieren. Danken Sie auch den Arbeitern, die das Haus gebaut haben. Der Dachstuhl, die Fenster, die Türen, sind vielleicht aus Holz. Stellen Sie sich vor, dass irgendwo auf dieser Welt Bäume gewachsen sind: 30, 50, vielleicht 150 Jahre lang standen diese Bäume fest verwurzelt an ihrem Platz, haben die vielen Wechsel der Jahreszeiten durchlaufen, Stürmen standgehalten. Ihre Wurzeln nahmen den Regen über den Boden auf, das Blattgrün ihrer Blätter verwandelte das Licht und bereicherte die Luft mit wertvollem Sauerstoff. Irgendwann wurden diese Bäume von Waldarbeitern geschlagen und aufgeschichtet. Nachdem sie gut ausgetrocknet waren, wurden sie in Traktoren aus dem Wald herausgefahren und in Sägewerke gebracht. Dort wurde ihre Rinde geschält und sie wurden zerschnitten. Dachdecker, Schreiner und Möbelfirmen holten das Holz, verarbeiteten es und bauten damit auch Teile des Gebäudes, in dem Sie sich gerade befinden.

Danken Sie als nächstes dem Boden unter Ihnen. Er trägt Sie schon Ihr ganzes Leben lang. Der Boden ist Teil der Erde, die alles Leben gibt und verwandelt. Auf ihr können Bäume und Pflanzen, Tiere und Steine existieren. Auch dem Meer und den Flüssen gebührt Ihr Dank – alle sind Teile des Ganzen und miteinander verwoben.

Nun würdigen Sie Ihren Körper. Er trägt und nährt Sie und macht es Ihnen möglich, Leben zu spüren, zu wachsen, sich zu entwickeln und glücklich zu sein. Fühlen Sie Ihre Lebenskraft durch den Körper fließen. Machen Sie sich bewusst, wie der Körper mit der Nahrung und dem Wasser, das Sie ihm geben, verbunden ist, wie er sich mit der Luft verbindet. Danken Sie den Pflanzen und Tieren, die dazu beigetragen haben, dass Sie Kleidung tragen können, die wiederum Ihren Körper wärmt. Auf diese Art hat Ihr Körper zu allen Elementen der Erde eine Verbindung.

Versenden Sie nun an Ihre Eltern Ihren Dank. Ohne sie wäre es Ihnen nicht möglich gewesen, dieses Leben auf unserem Planeten zu bekommen. Schätzen Sie das, was Sie von Ihren Eltern bekommen haben. Danken Sie aber auch Ihren Großeltern und deren Eltern, all Ihren Vorfahren. Sie haben Ihnen die Farbe Ihrer Haut und Ihrer Augen, Ihr Lachen, Ihre Intelligenz, Ihre Stimme und vieles andere geschenkt, das Sie ausmacht. Ihre Vorfahren sind wieder in die Erde zurückgekehrt und haben damit einen von vielen Zyklen vollendet.

Schenken Sie Ihre Anerkennung nun allen Wesen. Wir alle sind miteinander verbunden, haben die gleichen Urbedürfnisse nach Liebe, Geborgenheit und Anerkennung. Wir atmen alle dieselbe Luft und versuchen, glücklich zu werden. In jedem von uns ist ein Licht, in dem sich die anderen Lichter spiegeln.

Der letzte Dank gilt Ihrem Atem. Die Luft, die Sie mit dem Strom des Einatmens aufnehmen und die mit dem Ausatmen Ihren Körper verlässt, teilen Sie mit allen Wesen dieser Erde. Lassen Sie sich Zeit, die Luft wertzuschätzen, die uns das Leben ermöglicht. Machen Sie sich bewusst, dass Ihr Atem das Tor zum Leben ist und Sie mit der Welt verbindet.

Atmen Sie nun einige Male tief ein und aus. Dehnen und strecken Sie sich. Nehmen Sie all die Dankbarkeit in sich auf und behalten Sie sie bei sich, wenn Sie Ihre Meditation nun beenden.

Kapitel 5
Endlich Stille

Inmitten vollkommener Stille erforschen wir die höchsten Ebenen des Augenblicks. Irgendwann ist der Zeitpunkt erreicht, in dem wir aufhören zu fragen. Dann, endlich, sind wir angekommen.

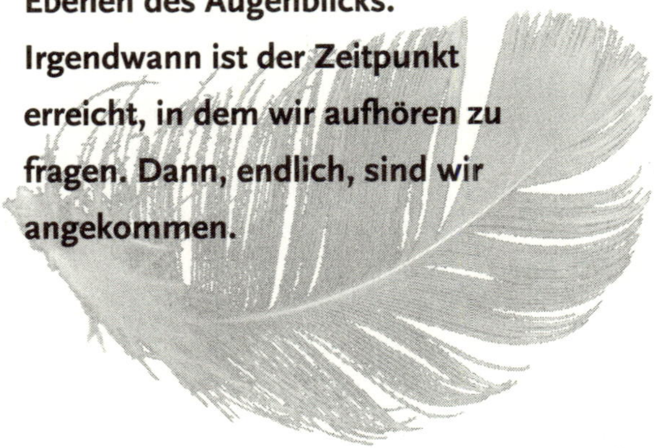

In der Ruhe liegt die Kraft

Bevor ich anfangen konnte, dieses Kapitel zu schreiben, musste ich erst eine lange Weile nichts tun. An den Tagen zuvor hatte ich intensiv an anderen Projekten gearbeitet, und als ich ohne Pause weitermachen wollte, weigerte sich etwas in mir, den Computer einzuschalten. Da ich mir den Tag zum Schreiben frei gehalten hatte, stand sonst nichts Dringendes an. So ließ ich mir also Zeit. Nach dem Frühstück blätterte ich in einem Klatschmagazin, dann räumte ich die Kleider vom Vortag weg, ging in meiner Wohnung auf und ab und schaute aus dem Fenster. Inzwischen war es Nachmittag geworden und mein innerer Widerstand gegen das Schreiben war immer noch nicht verschwunden. So beschloss ich, Yoga zu machen. Yoga ist mein Universalheilmittel, wenn ich mit mir hadere. Die mit bestimmten Atemtechniken verbundenen Asanas zwingen dazu, sich vollkommen auf die Vorgänge im Körper zu konzentrieren. Gedanken, Stimmungen und geistige Missstände haben dabei keinen Platz. Also legte ich eine CD mit meditativer Musik auf und fing mit den üblichen Streckübungen an. Ich ließ mir diesmal mehr Zeit als sonst, um in die Dehnungen hineinzuatmen. Auch zwischen den Übungen machte ich längere Pausen. Ich genoss sehr bewusst das Anspannen und Loslassen der Muskeln und die zunehmende Beweglichkeit meines Körpers. Nach einer Weile konzentrierten Tuns stellte ich überrascht fest, dass mir die Übungen mit wachsender Langsamkeit zusehends besser gelangen. Je ruhiger ich sie ausführte, umso mehr Kraft schienen die Muskeln zu entwickeln. In der Ruhe lag die Kraft! Inzwischen war mein schlechtes Gewissen über die unfreiwillige Arbeitspause vollkommen verschwunden, und ich genoss die wohltuende neue Erfahrung. Es war wie eine Erlösung. Jetzt wurde mir klar: Ich musste erst selbst tief in einen Raum von Ruhe eingetaucht sein, um darüber schreiben zu können.

Ruhe ist für die Seele ebenso unerlässlich wie Nahrung für den Körper. Momente der Stille sind Momente der Fülle Wenn Körper und Geist ruhig werden, haben wir den besten Zugang zu Augenblicks-Erfahrungen. Wir erleben die Gegenwart als beglückend, fühlen uns leicht und frei. Ähnlich wie in der langen Weile geht uns auch in Momenten der Stille die Zeit »verloren«, sie verliert ihre Bedeutung. Was sollen wir uns um Vergangenheit oder Zukunft kümmern, wenn der Augenblick so reich ist. Tief durchatmend beginnen wir zu entspannen, der Körper setzt die glücklich machenden Endorphine frei. Ruhe ist unsere Haupt- Kraftquelle. Nur im ruhigen, entspannten Zustand öffnen sich die Türen zur Kreativität und zu neuen seelischen Räumen. Die tiefsten Erfahrungen und die höchsten Einsichten sind in der Ruhe möglich.

Doch Ruhe ist mehr als die Abwesenheit von Lärm. Um ihre Geschenke zu kosten, braucht es bestimmte Voraussetzungen. Zur Ruhe können wir nur langsam kommen, wir müssen uns Zeit nehmen und einen Weg gehen. Wenn Ruhe uns unvorbereitet »überfällt«, kann sie unser auf Hochtouren laufendes System gehörig ins Schleudern bringen.

Stellen Sie sich einmal vor, Ihr Chef würde Sie eines Tages zu sich rufen und Ihnen den Auftrag erteilen, einen ganzen Tag in Ihrem Büro zu bleiben und nichts zu tun. Ihre Aufgabe bestünde darin, einfach still dazusitzen. Sie dürften weder davonlaufen noch sich ablenken. Schreiben, lesen, Kreuzworträtsel lösen, fernsehen, Radio hören oder im Internet surfen wäre verboten. Ihr Ziel sollte es sein, nichts zu tun. Wie würde es Ihnen wohl ergehen? Wenn ich im Geiste den Kreis meiner Kollegen durchforste, wäre die Hälfte am Ende eines solchen Tages reif für eine Sitzung beim Psychiater. Wir Macherinnen und Macher sind so daran gewöhnt, unter Adrenalin zu stehen, dass ein plötzlicher Wegfall der Anspannung ein inneres Chaos auslösen würde. Ein Mensch, in dessen Alltag jeder Handgriff auf Effektivität ausgerichtet ist und der in seiner Freizeit womöglich Zeitmanagement-Seminare besucht, um noch mehr Aufgaben in noch weniger Zeit zu bewältigen, empfindet Ruhe als bedrohlich. Ich kenne eine Menge Leute, die automatisch den Fernseher oder das Radio einschalten, wenn es ruhig wird.

Das einzig wahre Wunder ist,
still zu stehen.
(Henry Miller)

Stillstand – Notstand

Ruhe, auf die wir nicht vorbereitet sind, wird als bedrohlicher Stillstand empfunden. Er wirkt wie ein Schock auf unser System. Es ist, als sei man zu einem wichtigen Termin unterwegs und steckte mitten in der Rushhour im Stau fest. Plötzlich stehen alle Räder still, es geht keinen Meter vor- oder rückwärts. Im höchsten Stress zur Bewegungslosigkeit verurteilt – für die meisten von uns eine Horrorvorstellung. Ausgerechnet wir, die wir gewohnt sind, so vieles bewegen, die darauf aus sind, dass immer etwas vorwärts geht! Im Stillstand fühlen wir uns hilflos, machtlos, ausgeliefert. »Niemals«, höre ich schon einige rufen, »da wird man ja verrückt!«

Zur Ruhe kommen wollen wir alle. Aber wehe, sie kommt zu hoch dosiert. Im totalen Stillstand geraten wir schnell an unsere Grenzen. Einfach dazusitzen und sich nicht zu bewegen gilt entweder als dumm, als Luxus oder gar als gefährlich.

Als ich vor einigen Jahren für einen Artikel über Retreats recherchierte, machte ich ein denkwürdiges Interview mit einem Benediktinermönch. Pater Claudius, so hieß der Mann, ist in seinem Kloster zuständig für Exerzitien und Schweige-Meditationen. Er gilt als Ansprechpartner und geistiger Betreuer für all die Manager, Geschäftsleute, Sinnsucher und Krisengeschüttelten aus München, die in der Stille der Klostermauern wieder zu sich finden möchten. Pater Claudius weiß, was mit Menschen geschieht, die aus der Hektik der Großstadt kommend mit Stille konfrontiert werden: »Spätestens am dritten Tag drehen die meisten durch«, sagt er. Der menschliche Geist, gewohnt, täglich hunderte von Informationen und Stimulationen zu verarbeiten, beginnt zu überdrehen, wenn die Reize plötzlich ausbleiben. Deswegen verordnet Pater Claudius den Ruhe-Suchenden nicht nur Stille, Kontemplation und Meditation, sondern auch kleine, unspektakuläre Aufgaben. Die einen müssen im Garten Unkraut jäten, andere in der Küche Gemüse putzen oder handwerken. Durch die monotonen Bewegungsabläufe beginnt der innere Motor, langsamer zu drehen, der aufgeregte Geist kommt zur Ruhe.

Die Zähmung des »wilden Affen«

Pater Claudius kennt den größten Störenfried der Stille: Es ist der Affe in unserem Kopf. So bezeichnet er das unaufhörliche Kreisen unserer Gedanken. Wir halten es für normal, dass in unserem Kopf ständig Gedanken herumspuken, weil wir es nicht anders kennen. In der Meditation nennt man das Phänomen auch »den wilden Affengeist«. Es ist der innere Chor von ständigen Kommentaren, der uns immer und überall hin begleitet.

Besonders aufgeregt tönt die Affenhorde, wenn wir in die Stille gehen: Dann tobt sie noch lauter und wilder, die Stimmen können sich geradezu überschlagen. Pater Claudius weiß, dass der

plötzliche Wegfall von Reizen auf den Geist wie Drogenentzug wirkt. Er kann regelrechte Entzugserscheinungen hervorrufen. Nun sind wir also gezwungen, uns mit dieser Instanz auseinander zu setzen.
In dem Augenblick, wenn die üblichen Ablenkungen wegfallen, hören und erkennen wir, was sich die ganze Zeit in unserem Inneren abspielt. Die Gäste in Pater Claudius' Kloster machen dabei sehr seltsame Erfahrungen. Obwohl sie sich aus freien Stücken für den Rückzug entschieden haben, werden viele nach einigen Tagen aggressiv oder gereizt. Sie beginnen, die Verhältnisse im Kloster zu kritisieren, stellen Forderungen, möchten bestimmte Vorstellungen erfüllt haben. In der Nacht werden sie von Ängsten, Schuldgefühlen und anderen negativen Gedanken gequält. Der Pater kennt diese Prozesse, und er weiß, dass der »Affengeist« sich mit der Zeit beruhigen wird. Er wird leiser, langsamer, legt hin und wieder sogar Gesprächspausen ein. Irgendwann, im Laufe der stillen Wochen, wird dem Klosterbesucher eine wichtige Erkenntnis zuteil. Er begreift, dass der Affe in ihm nur eine Instanz repräsentiert. Das geschwätzige Wesen ist nicht er selbst, er muss sich nicht mit ihm identifizieren.

Ein großartiger Augenblick, wenn wir merken, dass wir viel mehr haben können als Alltags-Bewusstsein. Nun wird unser Blick endlich weiter und wir beginnen, neue Ebenen zu erobern.

Wer den Wohlgeschmack der Ruhe
und der Einsamkeit gefunden,
schlürft der Wahrheit süßen Heiltrank
ist von Fehl und Leid entbunden.

Ruhe ist immer und überall

Nun müssen nicht alle Ruhesuchenden gleich den großen Schritt zum Retreat im Kloster tun. Wenn Sie das Bedürfnis nach Stille haben, ist es immer noch der einfachste und direkteste Weg, sich in die Natur zurückzuziehen oder ein Wochenende alleine zu verbringen. Legen Sie sich in die Badewanne, entspannen Sie mit leiser Musik, einem guten Buch, legen Sie eine CD mit einer geführten Fantasiereise oder mit Naturgeräuschen auf, machen Sie autogenes Training, meditieren Sie.

Entspanntes Alleinsein führt in jedem Fall zu einer Stille-Erfahrung. Sollten Sie jedoch nach einiger Zeit bemerken, dass Ängste oder Unruhe in Ihnen hochkommen, rate ich Ihnen, die Stille zunächst in einer professionell geleiteten Gruppenmeditation zu erleben. Therapeuten, Meditationslehrer und geistige Meister haben Erfahrung im Umgang mit den Krisen, die uns heimsuchen, wenn es zu plötzlich allzu still wird. Sie wissen, dass man einen Menschen immer dort abholen muss, wo er gerade steht.

Der Einstiegspunkt ist
genau dort, wo du bist.
(Zen-Weisheit)

Wenn ich merke, dass die Teilnehmer einer Meditationsgruppe sehr geladen in die Stunde kommen, beginne ich die Sitzungen oft mit einem so genannten »Gibberish«(deutsch: Kauderwelsch). Wer die Übung nicht kennt, empfindet sie anfangs als befremdlich, weil man sich dabei verrückt und kindisch gebärden soll. Aber mit ein bisschen Mut schafft man es schnell, das gesittete Verhalten über Bord zu werfen. Nur so kommt man nämlich in den Genuss, die geistige Anspannung total loszuwerden. Beim Gibberish, auf deutsch Kauderwelsch, wird der wilde Affengeist mit seinen eigenen Waffen geschlagen: Zunächst gibt man dem eigenen »Gedankenwirrwarr« Ausdruck, indem man die lächerlichsten Laute von sich gibt – und dann wirft man das gesamte »Paket« mit einem Schlag aus dem Kopf heraus.

Wenn Sie Lust haben und gerade alleine sind, probieren Sie es einmal aus: Brabbeln Sie irgendwelche Silben vor sich hin, wie ein Baby, das gerade seine ersten Sprechversuche macht. Wie fühlt sich das an? Sicherlich kommen Sie sich komisch dabei vor, aber glauben Sie mir: Es wirkt! Als mein Sohn noch klein war und abends oft nicht einschlafen konnte, habe ich mit ihm im Bett »Gibberish« gemacht. Es war nicht nur lustig, sondern auch eine probate Einschlafhilfe. Sollte auch Ihnen demnächst wieder mal zu viel im Kopf herumschwirren, setzen Sie sich ins Bett und machen die Übung. Nach fünf bis zehn Minuten hören Sie bitte schlagartig auf, legen Sie sich wortlos hin, schließen Sie die Augen – und es wird nicht lange dauern, bis Sie eingeschlafen sind. Auch tagsüber verhilft eine kleine Gibberish-Einlage immer wieder zu einem klaren Kopf. Wenn Sie gerade in Emotionen verstrickt sind, aus dem Zweifeln und Grübeln aussteigen wollen oder einen Knoten im Hirn lösen möchten: Brabbeln Sie! Aus gegebenem Anlass möchte ich Sie allerdings ausdrücklich vor unbefugten Zuschauern warnen, die Ihre Übung falsch interpretieren könnten. Suchen Sie sich also bitte einen Platz, wo man Sie nicht sehen und hören kann.

Es lebe der Unsinn

Stellen Sie sich hin, wippen Sie mit den Beinen auf und ab und schütteln Sie die Arme locker aus – wie nach dem Sport, wenn Sie die Muskeln ausschütteln. Sie können dabei auch umhergehen. Nun geben Sie mindestens fünf Minuten lang nur unsinnige Silben und Laute von sich. Sie können dabei auch gestikulieren, je wilder desto besser. Steigern Sie sich in Ihre Artikulationen hinein, geben Sie gackernde, wiehernde oder schimpfende Töne von sich. Alles ist erlaubt, außer Wor-

ten, die Sie kennen. Sagen Sie zum Beispiel Silben wie: »Ha-hi-ho-da-dumm-didi-dö-dawi« oder »schlumpfradidel-brummbafuda« und lassen Sie sich von der Energie des Unsinn-Lallens davontragen. Es kann ungeheuren Spaß machen, der Verrücktheit des inneren Affens einen Spiegel vorzuhalten. Stellen Sie sich vor, dass Sie all die Millionen unnützer Worte und Gedanken, die in Ihnen sind, mit dem »Gibberish« ausdrücken und hinauswerfen. Nach fünf oder zehn Minuten, wenn Sie das Gefühl bekommen, es ist genug »gesagt«, bleiben Sie plötzlich stehen. Setzen Sie sich wortlos hin und genießen Sie den unglaublichen Frieden in Ihnen.

Oft, wenn wir keine Worte mehr haben, ist es an der Zeit, in die Stille zu hören.

Nachdem Sie nun einige Wege kennen, um in die Stille zu kommen, ist es an der Zeit, sich mit dem Erlebnis der Stille an sich zu konfrontieren. Stellen Sie sich vor, Sie sind am Ziel angekommen. Körper und Geist befinden sich in einem Zustand tiefer Entspannung, Sie haben den geschwätzigen Affen zum Schweigen gebracht und gleiten langsam aus dem Alltags-Bewusstsein heraus in einen Zustand tiefer, wohliger Entspannung. Frieden breitet sich aus. Alles ist ruhig, alles ist richtig. Mehr braucht es nicht.

Stille ist die Musik des Himmels auf Erden.

Es könnte allerdings sein, dass Sie nun Lust auf neue Erfahrungen bekommen. Für Schüler der Achtsamkeit sind Ruhe und Entspannung ein willkommener Einstieg zur nächst höheren Bewusstseinsstufe, dem meditativen Leben.

Zazen – die aktive Bewegungslosigkeit

Zazen ist eine Bewusstheitspraxis, die den Augenblick erforscht. Es ist die eigentliche Hauptübung der japanischen Zen-Schule und heißt auf deutsch »das richtige Sitzen«. Während »Za« einfach nur sitzen heißt, steht »Zen« für die Philosophie als Ganzes, die sich das große Ziel setzt, die Essenz des Universums zu verstehen. Beim Zazen geht es darum, unbeweglich dazusitzen, starr wie ein Berg. Jedem Impuls, sich zu bewegen, gilt es möglichst zu widerstehen, während der Geist über eine längere Zeitspanne hinweg gedankenfrei im Augenblick verweilen soll. Während wir still und unbeweglich sitzen und versuchen, uns der Gegenwart hinzugeben, werden wir uns der Mechanismen des Denkens und Wahrnehmens bewusst. Auftauchende Gedanken oder Körperempfindungen lassen wir mit der Methode der Achtsamkeit wie Wolken am Firmament verschwinden.

Wir kennen die Technik bereits:

- wahrnehmen
- annehmen
- würdigen
- loslassen

Sich nicht bewegen dürfen – was für eine Herausforderung für den westlichen Geist? Ich empfehle Ihnen trotzdem, es zu probieren. Alles, was bei dieser Sitzmeditation geschieht, dient als Mittel zur Selbsterkenntnis. Nichts, was sich in uns und außerhalb von uns ereignet, soll uns dazu verführen, die Haltung zu ändern. Für den im Zazen Sitzenden gilt es, stärker zu bleiben als die endlosen Reize, Bilder und all die anderen Ablenkungen. »Auf dem Kissen ist noch niemand gestorben«, heißt es in der Zen-Praxis. Ganz gleich, wie man sich fühlt, der Atem kommt und geht immer regelmäßig, ihm allein gebührt die Aufmerksamkeit.

Normalerweise bewegen wir uns die ganze Zeit. Wenn uns etwas belästigt, verlagern oder verändern wir unsere Haltung. Das mag unseren Zustand für kurze Zeit verbessern, doch für gewöhnlich stellt sich kurz danach ein neuer Reiz ein, der manchmal sogar noch stärker ist. Ganz gleich, was wir dagegen tun, der lästige Reiz hält an. Im Zazen versucht man, die Kontrolle aufzugeben. Indem man sich nicht bewegt, lässt man zu, dass die Dinge so sind, wie sie sind. Sie erscheinen, entwickeln sich, verschwinden, tauchen wieder auf, ganz, wie es ihnen gefällt. Beim Zazen lernen wir, unser Bedürfnis nach Kontrolle nachhaltig loszulassen. Damit ist ein ungeheurer Respekt vor einem größeren Plan im Universum verbunden. Dieser Plan bringt uns, was gut für uns ist und er nimmt das weg, was nicht mehr passt.
Wie oft im Leben versuchen wir, etwas festzuhalten, was uns nicht mehr entspricht oder etwas zu bekommen, was vielleicht gar nicht richtig ist für uns. Wenn wir uns nicht bewegen, beugen wir uns einer höheren Weisheit und lassen zu, dass das Leben seinen eigenen Gang nimmt. Während des Sitzens lernen wir, jeden Augenblick, jeden Atemzug so zu lassen, wie er ist. Die Umgebung bleibt, wie sie ist, das Licht bleibt so hell oder gedämpft, wie es ist, die Temperatur so heiß oder so kalt, eine Fliege lässt sich auf der Nase nieder und fliegt wieder davon. Nichts wird kontrolliert oder manipuliert.

Um Ihnen zu vermitteln, was Zazen für einen Zen-Gelehrten bedeutet, möchte ich hier den großen Meister Daichi Sokei zitieren, der einst zu seinen Schülern sagte: »Wenn einer fragt, was ist das wahre Zen, ist es nicht nötig, dass Ihr den Mund öffnet, um es zu erklären. Zeigt alle Aspekte eurer Zazen-Haltung. Dann wird der Frühlingswind wehen und die wunderbare Pflaumenblüte aufgehen lassen.«

Ein Kreis aus Stärke und Klarheit

Im Zazen sitzt man in einer würdevollen, wachen Haltung, mit aufrechtem Kopf, Nacken und Rücken, ohne sich jedoch dabei zu versteifen. Durch die Haltung mit gestrecktem Rücken, gekreuzten Beinen und auf den Oberschenkeln oder am Bauch abgelegten Händen erzeugt man sogar auf neurologischer Ebene mit dem Körper einen geschlossenen Kreis aus Stärke, Gleichgewicht und Klarheit.

Allein die Absicht, sich nicht mehr zu bewegen, ist schon eine klare Bekundung an den Affengeist, seinem wirren Diktat nicht mehr zu folgen. Bei Anfängern des Zazen nehmen anfangs die inneren Fragen noch zu. Man überlegt sich, was das Ganze soll und fragt sich nach dem Sinn des Stillsitzens. Es ist wichtig, zu wissen, dass die Fragerei nur eines von vielen Zeichen des Widerstands ist – ein ganz normales Symptom also, das in der üblichen Art wahrgenommen und losgelassen wird. Während wir einfach sitzen, freunden wir uns mit uns selbst an. Und wenn wir uns selbst kennen lernen, sind wir auch bereit, die Welt kennen zu lernen. Im Zazen erfahren wir die Welt auf eine völlig neue Art und Weise. Wir müssen nicht mehr von einer Situation zur anderen »rasen«, um zu erfahren, was da vor sich geht. Je ruhiger wir dasitzen und mit uns selbst verbunden sind, umso mehr entfaltet sich die ganze Welt vor unseren Augen.

Der Meister gibt sich allem hin,
was der Augenblick bringt.
(Zen-Weisheit)

Gewöhnlich beginnt man damit, ein einzelnes Objekt für die Achtsamkeit auszuwählen und konzentriert sich dann auf einen einzigen Aspekt dieses Objekts. Meistens entscheidet man sich für das »Objekt« des Atmens und beginnt, das Ein- und Ausströmen der Luft zu zählen oder zu benennen. Man könnte genau so gut das sanfte Dehnen und Senken der Bauchdecke fokussieren oder die Nasenspitze beim Ein- und Ausströmen der Luft durch die Nase. Erst wenn wir uns an diese Art der Meditation gewöhnt haben und schon einen gewissen Grad an Konzentration erreicht haben, gehen wir zum nächsten Schritt über: Wir dehnen die Achtsamkeit über die Empfindungen des Atems hinaus aus. Nun nimmt man zum Beispiel Geräusche, Empfindungen, Gedanken oder andere Objekte achtsam wahr, sobald sie in die Wahrnehmung dringen. Dabei versucht man aber immer so ruhig und unbeteiligt wie möglich im Zustand des Zuschauers zu verweilen und nicht zu reagieren. Der Atem bleibt auch bei diesen erweiterten Formen immer der Anker, der Sie mit der Gegenwart verbindet.

Das Universum ist heilig.
Du kannst es nicht verbessern.
Wenn du versuchst,
es zu verändern,
wirst du es verderben.
Wenn du versuchst,
es festzuhalten,
wirst du es verlieren.
(Laotse)

Nun nehmen Sie bitte Ihren Platz ein

Es versteht sich von selbst, dass dem Hinsetzen im Zazen eine sehr große Bedeutung zukommt. Immerhin ist das die Position, in der man eine sehr lange Weile ausharren wird. Ich habe vor kurzem das Buch eines jungen buddhistischen Meisters namens Sakyong Mipham gelesen, der schon im Kindesalter von seinem Vater, dem ehrwürdigen Lama Chögyam Trungpa in die Kunst des stillen Sitzens unterwiesen wurde. Der junge Mönch beschreibt, wie er sich immer wunderte, dass der Vater ausgerechnet dann nach ihm schaute, wenn er dabei war, auf seinem Meditationskissen Platz zu nehmen. Erst sehr viel später erkannte er, dass dies ein sehr entscheidender Augenblick für das Gelingen der Meditation ist.

Wenn Sie Zazen zum ersten Mal machen, empfehle ich Ihnen, kurz zum Ende des ersten Kapitels zurückzublättern und meine Ausführungen zur richtigen Sitzhaltung und den verschiedenen Art des Sitzens nachzulesen. Ich persönlich bevorzuge zum Beispiel das Sitzen am Boden. Es vermittelt mir das Gefühl, stabil und geerdet zu sein. Mit einem Meditationskissen unterm Steiß lasse ich mich gerne in der so genannten »burmesischen Haltung« nieder. Im Schneidersitz wird ein Bein mit der Ferse so weit an den Körper herangezogen, wie es angenehm ist. Das andere Bein wird locker davor gelegt. Je nach Beweglichkeit berühren die Knie dabei den Boden – oder nicht.
Wenn Sie sich in einer Position niedergelassen haben, in der Sie längere Zeit ohne Bewegung verweilen können, geben Sie sich nun bitte Ihr persönliches Signal zum Beginn der Meditation und lenken Sie Ihre Aufmerksamkeit auf den Atem. Spüren Sie, wie die Luft ein- und ausströmt. Lassen Sie den Atem ganz natürlich vonstatten gehen und tun Sie nichts anderes, als ihn zu beobachten und alle damit verbundenen Gefühle wahrzunehmen. Das Ganze geschieht vollkommen selbstverständlich – ganz ohne Eile und Hast. Es geht einzig darum, das Ein- und Ausatmen bewusst zu spüren.
Irgendwann wird der Körper seine Haltung verändern wollen, irgendwann werden auch Ihre Gedanken abwandern. Das ist absolut normal und unvermeidlich. Es ist weder gut noch schlecht. Erinnern Sie sich bitte daran, dass solche Vorgänge und Vorkommnisse bei den Achtsamkeitsübungen nicht bewertet werden. Das einzige, worum es in diesem Fall geht, ist, die Aufmerksamkeit wieder sanft, aber bestimmt zur Atmung zurückzubringen. Lassen Sie sich weder von Ihren umherschweifenden Gedanken noch von Ihrem unruhigen Körper

ablenken. Üben Sie sich in Geduld, lassen Sie keine Emotionen aufkommen.
Als Ungeübter werden Sie anfangs gar nicht merken, dass Ihre Gedanken inzwischen längst abgeschweift sind und eigenen Wegen folgen. Und das, obwohl Sie fest entschlossen waren, Ihren Atem zu verfolgen. Statt sich nun über sich selbst zu ärgern, versuchen Sie nur, freundlich zu sich selbst Ihre Aufmerksamkeit wieder und wieder neu auf den Atem zurückzulenken, ohne sich Vorwürfe zu machen oder das gedankliche Abschweifen zu beklagen. Falls Sie zwischen Ihren Gedanken kurze Lücken bemerken, handelt es sich um reines Bewusstsein. Wunderbar! Aber versuchen Sie, es nicht denkend zu erfassen, damit verlieren Sie es nämlich auf direktestem Wege. Versuchen Sie nicht mit Anstrengung, wach zu sein, ohne zu denken. Ganz in der Gegenwart zu sein, bedeutet ja letztlich, den Geist nirgendwo festzumachen. Sobald er sich irgendwo niederlässt, steigen neue Gedanken auf. Der reine Geist oder das reine Bewusstsein, dem Sie hier auf der Spur sind, verhält sich wie ein Spiegel. Er enthält keine Gedanken, aber er spiegelt sie.

Mehr wert als hundert Jahre lang
das Auf und Ab nicht zu sehen,
ist der Augenblick, an dem man
das Werden und Vergehen schaut.

Es ist weder gut noch schlecht, Gedanken aufkommen zu lassen. Beim Zazen geht es einzig darum, sich seiner Gedanken bewusst zu werden und in einer bestimmten Art mit ihnen umzugehen. Auf keinen Fall sollten Sie versuchen, Ihre Gedanken zu unterdrücken. Nehmen Sie einfach zur Kenntnis, woran Sie gerade gedacht haben und lassen Sie die Gedanken wieder verschwinden. Gedanken sind nichts anderes als Impulse, denen wir folgen können oder nicht. Schon diese Er-

kenntnis bringt Sie dem Geist des Zazen näher. Sie begreifen zum Beispiel, dass Gedanken keine unabwendbare Realitäten sind. Sie können sie wieder loslassen.

Die größte Herausforderung beim stillen Sitzen geht allerdings vom Körper aus. Ganz sicher werden Sie immer wieder das Bedürfnis verspüren, ein Bein zu strecken oder den Rücken oder Po zu bewegen. Wie gesagt, geht es beim Zazen vor allem darum, anders auf die Impulse von innen zu reagieren. Sie sollten versuchen, dem Bedürfnis Ihres Körpers nach Änderung Ihrer Sitzhaltung zu widerstehen. Das können Sie üben, indem Sie das körperliche Unbehagen als gegeben hinnehmen. Selbst wenn Schmerzen auftauchen, versuchen Sie, diese wieder loszulassen. Schmerzen können sich von ganz alleine auflösen. Mit etwas Übungspraxis lernen Sie, trotz unangenehmer, körperlicher Empfindungen weiter zu meditieren. Damit eignen Sie sich eine neue Art an, mit unangenehmen Empfindungen umzugehen. Auf jeden Fall machen Sie dabei eine wertvolle Erfahrung: Dass es möglich ist, sich trotz körperlicher Beschwerden zu entspannen – bzw. Ruhe, Gelassenheit und Konzentration beizubehalten.

Selbstverständlich gibt es beim Zazen kein Bewegungsverbot. Wenn es Ihnen also nicht mehr möglich ist, Ihre Position beizubehalten, bewegen Sie sich – aber dies sollte achtsam, sehr langsam und vollkommen konzentriert erfolgen. Nach einer vorher festgelegten Zeit beenden Sie Ihre Sitzmeditation wieder mit Ihrem Ritual.

Das großartig aktive Nichtstun

Zum Abschluss des Stille-Kapitels möchte ich Sie mit einer Achtsamkeits-Disziplin bekannt machen, die in der Zen-Philosophie als die Steigerung von sich nicht bewegen gilt. Es geht um die hohe Kunst des Nichtstuns. Das bedeutet nicht, dass man sich passiv verhalten oder faul in der Hängematte liegen soll. Im Zen ist Nichtstun eine Geisteshaltung, die sich in jeder Aktivität zeigen kann. Nichtstun heißt Loslassen. Es heißt, aktiv und bewusst zu beschließen, die Kontrolle aufzugeben, mit der gewohnten Manipulation aufzuhören und sich in nichts mehr einzumischen. In diesem Sinne verstanden, ist Nichtstun eine »grundlegende Aktivität«, um sein Leben in den Griff zu bekommen. Kontrolle loslassen, um das Leben in den Griff zu bekommen? Das erscheint für unseren Verstand paradox: Aber es funktioniert genau so.

Strenge dich nicht an.
Das meiste passiert,
wenn du nichts tust.

Warum, denken Sie, beherrscht schon ein kleines Baby die Kunst zu schmollen, wenn es etwas nicht bekommt? Warum ergehen wir uns in Tobsuchtsanfällen, wenn sich unsere Wünsche nicht erfüllen? Warum werden wir aggressiv, wenn uns jemand ärgert? Weil wir mit einer Art Kontroll-Gen auf die Welt gekommen sind. Wir wollen die Menschen und unsere Umwelt kontrollieren. Schauen Sie sich die Mechanismen der zwischenmenschlichen Beziehungen einmal unter dem Blickwinkel der Kontrolle an. Sie werden darauf kommen, dass wir 99 Prozent unserer kostbaren Lebensenergie darauf verwenden, die Welt so zu manipulieren, dass uns unsere Wünsche erfüllt werden. Da das Kontrollieren und Manipulieren meistens funktioniert, kommen wir gar nicht darauf, dass es auch ganz anders gehen könnte.

Die Achtsamkeit lehrt uns, dass alles so in Ordnung ist, wie es ist. Es bedeutet, anzuerkennen, dass die Weisheit des Universums keiner Veränderung bedarf. Nichtstun heißt Zurücktreten und sich der Harmonie des Lebens überlassen – es so achten und bewahren, wie es uns gegeben ist.

Hier einige Beispiele, wie Sie die Praxis des Nichtstuns im Alltag umsetzen können.

Einfach nicht reagieren

Bei einem Streit mit dem Partner müssen wir nicht diskutieren, nicht kämpfen, nicht Recht haben, nicht die Kontrolle haben. Wir können versuchen, die Situation einfach durchzustehen. Bleiben Sie konzentriert und unbeweglich inmitten des Beziehungs-Sturms. So erkennen Sie am besten, worum es bei der Auseinandersetzung wirklich geht. Lassen Sie den Konflikt kommen, lassen Sie ihn sich ausleben, lassen Sie ihn gehen. Lassen Sie sich nicht davon mitreißen und herumwirbeln – bleiben Sie Zeuge dessen, was geschieht.

Aufhören, sich zu bewegen

Lassen Sie einmal im Geist Revue passieren, wie oft Sie sich geschäftig bewegen, Dinge arrangieren, sich Gedanken und Sorgen machen. Überlegen Sie, was passieren würde, wenn Sie all Ihre Aktivitäten einfach einstellen würden? Sie müssen nicht ständig auf etwas reagieren. Lassen Sie es einfach sein. Machen Sie sich stattdessen bewusst, dass es eine größere Instanz gibt, die für Kontrolle sorgt oder für Harmonie – oder was immer wichtig ist. Lassen Sie die Situation, wie sie ist. Sie wird sich von alleine bewegen oder verändern. Es ist nicht Ihre Aufgabe, ein Ergebnis herbeizuführen.

Wer regelmäßig mit bewusstem Nichtstun seine Zeit verbringt, wird eines Tages erkennen, dass das, was wir verzweifelt und verwirrt in der äußeren Welt suchen, in Wahrheit in uns selbst existiert!

Kapitel 6
Die Zeit als größter Heiler

Verletzte Gefühle prägen unser Verhalten und unsere Beziehungen stärker, als wir ahnen. Manchmal führen sie das gesamte Leben in die falsche Richtung. Nutzen Sie das Augenblick-Bewusstsein, um Ihre Gefühle zu heilen. Erst dann wird der Weg frei, der Ihnen bestimmt ist.

Achtsamkeit, das Tor zur Heilung

Nehmen wir an, Sie waren kürzlich in netter Begleitung in einem Restaurant. Das Essen hat Ihnen geschmeckt, Sie haben sich gut unterhalten und noch lange von dem guten Gefühl gezehrt, das der Abend hinterlassen hat. Nun versuchen Sie bitte spontan, die Freude nochmals zu spüren. Und? Fehlanzeige! Es wird Ihnen nicht gelingen, denn die Natur hat unsere Gefühle direkt an das Jetzt gebunden. Nur in dem Moment, in dem sie fühlbar bewegen, können wir sie erleben und mit ihnen umgehen.

Auch die Heilung verletzter Gefühle ist nur möglich, wenn wir direkt in Kontakt mit ihnen treten. Ganz gleich, wie lange der Zeitpunkt der Kränkung zurückliegt – um Gefühle zu behandeln, müssen sie wieder lebendig gemacht, gefühlt, geachtet und durchlitten werden.

In diesem Kapitel zeige ich Ihnen verschiedene Wege auf, die bewusst erlebte Gegenwart zum Heilmittel für Ihre Gefühle zu machen. Immer spielt dabei die heilsame Kraft der Achtsamkeit eine Rolle.

Achtsamkeit zeigt uns, wie wir auf angemessene Weise durch seelische Schmerzen hindurch gehen und, durch Erfahrung gewachsen, heil wieder herauskommen. Ganz ohne Widerstand, ohne Kontrolle, mit Respekt vor dem Schicksal und gebührender Selbstachtung. Achtsamkeit ist das Tor, durch das wir Zugang zu unseren Selbstheilungskräften erhalten.

In der Woche, in der ich dieses Kapitel schrieb, bekam eine Freundin von mir eine schreckliche Nachricht. Ihr krebskranker Partner hatte einen Rückfall erlitten. Meine Freundin war wie gelähmt vor Schmerz, die Situation war ihr unerträglich. Immer wieder versuchte sie, sich abzulenken, um nicht ständig den Schmerz spüren zu müssen, doch es gelang ihr natürlich nicht. Im Laufe unseres Gespräches redete ich ihr zu, ihre inneren Widerstände loszulassen und den Schmerz und ihre Hilflosigkeit im ganzen Ausmaß zu fühlen. »Akzeptiere, dass du nichts ändern kannst«, sagte ich, »es ist das Einzige, was dir wirklich hilft.« Ich merkte, wie sich meine Freundin bei diesen Worten entspannte. Langsam begriff sie, dass sie das unerträgliche Gefühl der Ohnmacht und der Ausweglosigkeit einfach aushalten musste. Nachdem die Woge der Verzweiflung ihren Höhepunkt erreicht hatte, flachte sie wieder ab und löste sich auf. Nur zehn Minuten später trocknete meine Freundin ihre Tränen und hatte wieder die Kraft, zur Tagesordnung überzugehen.

Im Laufe seines Lebens erlebt jeder von uns viele kleinere traumatische Situationen. Wer wurde als Schüler noch nicht von einem Lehrer vor der Klasse gedemütigt, vom besten Freund verraten, der besten Freundin im Stich gelassen. Auch eine Kündigung, eine Trennung vom Partner, Krankheit oder Tod eines nahen Angehörigen, eine Fehlgeburt und andere Verluste schlagen emotionale Wunden.

Wenn wir mit solchen Verletzungen nicht achtsam umgehen, hinterlassen sie bleibende Spuren in unserem Herzen. Noch Jahrzehnte später können die alten Narben unsere Reaktionen verfälschen. Vor allem schwere seelische Verletzungen eitern nach oberflächlichem Abheilen in der Tiefe unbemerkt weiter und fügen dem Organismus großen Schaden zu. Aus der Medizin wissen wir, dass sich Narben oft zu Entzündungsherden entwickeln, die auf Dauer das gesamte Immunsystem lahm legen können. Das gleiche Prinzip gilt für seelische Verletzungen.

Werden Gefühlswunden in einer Therapie nicht ausgeheilt, bestimmen sie große Teile unseres Verhaltens – ja, eigentlich geben sie unserem gesamten Schicksal eine »kranke« Richtung. Statt unseren natürlichen Interessen nachzugehen und leichtfüßig unserer Lebensaufgabe zu folgen, lassen wir uns von unseren Wunden leiten. Wir entscheiden uns für den falschen Beruf, die unpassenden Partner, investieren in die falschen Ziele.

Ich selbst bin mir erst seit wenigen Jahren darüber im Klaren, wie stark der Unfalltod meines Vaters meine Entscheidungen geprägt hat. Die Störung kam in allen Partnerschaften zum Vorschein, sie zog sich wie ein roter Faden durch mein Leben. Über 30 Jahre sollte es dauern, bis sich die Chance einer Heilung ergab. In einer Traumatherapie namens EMDR, auf die ich am Ende des Kapitels eingehe, wurden die damals erlittenen Gefühle wieder zum Leben erweckt. Nur, indem ich nochmals durch den Schmerz, die Trauer und die Ohnmacht hindurchging, konnte das Trauma sich auflösen.

Die neue Medizin der Emotionen

Bis vor einigen Jahren wurden seelische Störungen entweder mit Psychopharmaka zugedeckt oder in einer jahrelangen Psychoanalyse aufgedeckt. Nachdem sich herumgesprochen hat, wie stark die beiden Methoden abhängig machen – die eine von der Substanz, die andere vom Psychiater – verlieren sie zunehmend an Glaubwürdigkeit.

Parallel zum schwindenden Interesse an den alten schulmedizinischen Methoden entwickelt sich seit einigen Jahren auf dem gesamten Erdball eine neue Medizin der Emotionen. Sie kommt ohne Psychoanalyse und ohne Valium aus, und vor allem hat sie so gut wie keine Nebenwirkungen. Während die klassische Psychoanalyse versucht, über die Sprache und das Denken zu den Gefühlen vorzudringen, zielen die neuen Methoden auf den Körper ab, der – wie wir gleich sehen werden, einen viel direkteren Zugang zu unseren Gefühlen hat. Um Ihnen zu verdeutlichen, wie revolutionär der neue Ansatz ist, möchte ich allerdings etwas weiter ausholen.

Im Inneren unseres Gehirns, ganz in der Mitte, befindet sich das für Gefühle zuständige, uralte, »limbische« Gehirn, das wir mit allen Säugetieren gemein haben. Um dieses Gehirngewebe hat sich im Laufe von Jahrmillionen der Evolution eine jüngere Schicht gebildet, der so genannte Neokortex (deutsch: neue Rinde). Die Gehirnrinde beherbergt unser kognitives Hirn: Es ist bewusst und rational, der Außenwelt zugewandt. Das limbische Gehirn hingegen kennt keine Logik. Es reagiert unbewusst und ist in erster Linie auf unser Überleben bedacht. Auch ist es nicht auf äußere Einflüsse fixiert, sondern steht im engen Kontakt mit dem Körper. Obwohl beide Gehirne relativ unabhängig voneinander arbeiten, beeinflusst jedes unser Verhalten, wenn auch ganz unterschiedlich. Selbst in Gewebe und Organisation sind die beiden Gehirne sehr verschieden. Während der Neokortex in regelmäßigen Neuronenschichten angeordnet ist und eine detaillierte Verarbeitung von Informationen ermöglicht, sind die Nervenzellen im limbischen Gehirn miteinander verschmolzen. Sie verarbeiten Informationen viel primitiver, aber auch viel schneller. Deswegen sind sie so gut für elementare Überlebensreaktionen geeignet. Jedes instinktive Handeln in Gefahrensituationen wird von diesem primitiven Gefühlshirn gesteuert.

Ich werde nie vergessen, wie ich einmal, ohne zu wissen warum, vor die Haustür trat, wo mein damals zweijähriger Sohn spielte. Im gleichen Augenblick fiel ein tonnenschweres Baugerüst um, das gerade zum Anstrich der Fassade aufgestellt wurde. Hätte ich meinen Sohn nicht blitzschnell gepackt, hätte das Gerüst ihn zwei Sekunden später getötet.

Das Gefühlshirn kennt den Körper am besten

Nicht immer sind die Alarmsignale, die vom Gefühlshirn ausgehen, richtig, manchmal sind sie sogar falsch. So kann zum Beispiel ein Ast, der im Wald liegt und auf den ersten Blick einer Schlange gleicht, in uns eine Angstreaktion auslösen. Noch ehe die rationale Gehirnrinde ihre Analyse abschließen kann und uns erkennen lässt, dass es sich um ein harmloses Stück Holz handelt, hat das emotionale Gehirn schon eine Überlebensreaktion ausgelöst, die ihm geeignet erscheint.

Wie gesagt, hat das Gefühlshirn einen direkten Draht zum Körper. Es erhält seine Informationen aus verschiedenen Körperbereichen und reagiert entsprechend. Atmung, Herzschlag, Blutdruck, Appetit und sexuelles Verlangen, Schlaf, Hormone und auch das Immunsystem unterliegen seinen Befehlen. Deswegen müssen wir uns nicht wundern, wenn kranke, verletzte oder gestresste Gefühle sich durch körperliche Reaktionen genau dieser Bereiche bemerkbar machen. Die Atmung wird flach oder hektisch, der Puls beginnt zu rasen, der Blutdruck schnellt in die Höhe, wir entwickeln Ess- oder Sexualstörungen, das Immunsystem spielt verrückt.

Würde man einen Gehirnforscher fragen, woran er merkt, dass ein Mensch glücklich ist, würde er sagen: Wenn das emotionale und das kognitive Gehirn gut zusammenarbeiten. Die Harmonie der beiden Hirne ist also die Voraussetzung für dauerhaftes Wohlbefinden. Im Zustand des optimalen Gleichgewichts – Mediziner nennen ihn Homöostase – gibt das emotionale Gehirn die Richtung vor, wie wir unser Leben gestalten wollen, während der kognitive Teil nach Wegen sucht, so rational wie möglich vorwärts zu gehen. Hat Ihnen schon mal jemand erzählt, dass er genau da ist, wo er in seinem Leben sein möchte, können Sie davon ausgehen, dass seine beide Hirnhälften einträchtig miteinander schwingen.

Doch wer befindet sich schon immer in der beneidenswerten Balance. Im ganz normalen Alltag übernimmt oft eine der beiden Hirnregionen das Kommando. Kontrolliert zum Beispiel das emotionale Gehirn unser Denken, werden die Gefühle übermächtig, und wir denken nur noch aus dem Bauch heraus. So wünschenswert das manchmal sein mag – auch hier gibt es ein Zuviel. Ein übertrieben gefühlsgesteuerter Mensch verliert die Kontrolle über den Fluss seiner Gedanken und kann sich nicht mehr seinen langfristigen Interessen gemäß verhalten. Sicher fällt auch Ihnen jemand ein, der zu fast krankhaft impulsiven Reaktionen neigt. Ein typisches Beispiel liefern Menschen, deren Persönlichkeit sich nach schweren Schicksalsschlägen verändert. Sie werden oft leicht reizbar und überempfindlich. Psychologen sprechen in solchen Fällen von posttraumatischen Stressreaktionen: Nach einem schweren Trauma schlägt das emotionale Gehirn bei jeder Situation, die auch nur im Entferntesten an das ursprüngliche Desaster erinnert, sofort Alarm. Während solcher »Flashbacks« kommt es zu unkontrollierbaren Reaktionen und Gefühlszuständen.

Auch bei Panikattacken, die inzwischen eine von 20 Personen in den westlichen Industrieländern schon einmal erlebt hat, übernimmt das Gefühlsgehirn die Kontrolle über die Körperfunktionen: Ohne äußeren Anlass beginnt das Herz zu rasen, der Magen verkrampft sich, der Körper zittert, das ausgeschüttete Adrenalin hebt alle kognitiven Funktionen auf: Ein logisches Denken ist weder in der posttraumatischen Reaktion noch während der Angstattacke möglich.

Anders, aber keineswegs besser sind Menschen dran, bei denen das kognitive Gehirn das Sagen hat. Sie kennen sicher einen dieser rein vernunftgesteuerten Typen, die sich im Restaurant für kein Gericht entscheiden können. Wieder und wieder müssen sie abwägen und tausend Argumente in die Waagschale werfen, weil sie die angeborenen Vorlieben und Bedürfnisse ihres Körpers nicht mehr wahrnehmen. Gefühlsarme Leute messen weder ihren Instinkten noch ihrer inneren Stimme Wert bei. Sie schaden sich damit sehr. Aus der modernen Gehirnforschung wissen wir, dass Personen, die gewohnheitsmäßig Gefühle unterdrücken, die Alarmsignale des limbischen Systems überhören.

Normalerweise macht sich der Körper deutlich bemerkbar, wenn wir unseren Gefühlen zuwider handeln. Dann bekommen wir die klassischen Stresskrankheiten wie unerklärliche Müdigkeit, Bluthochdruck, Abwehrschwäche, Herzfunktionsstörungen, Magen-Darmprobleme und vieles mehr. Hätten wir den Instinkt, unsere Körpersignale zu deuten, würden wir unsere Lebenssituation überdenken. Ein Mensch, der nicht auf seine Gefühle – sprich Körpersignale – hört, findet trotz deutlicher Symptome tausende von Gründen, warum er aus der belastenden privaten oder beruflichen Situation nicht ausbrechen kann. Ich hoffe, es ist mir gelungen, Ihnen durch diesen kleinen Ausflug in die Gehirnforschung begreiflich zu machen, warum die Heilung der Gefühle so viel besser über den Körper als über den Verstand funktioniert. Auf den folgenden Seiten werde ich Ihnen nun einige Heilmethoden vorstellen, die diese Erkenntnis nutzen. Sie können uns zu einem inneren Frieden verhelfen, von dem wir nie geglaubt hätten, dass er möglich ist.

Drei Worte, die heilen

»Ich verzeihe dir« – das sind drei der heilsamsten Worte, die es gibt, und ich lege Ihnen ans Herz: Machen Sie sie zu Ihrer Lebenseinstellung! Sich selbst und anderen zu verzeihen ist einer der größten Schritte auf dem Weg in ein glückliches, unbeschwertes Leben, es ist praktizierte Achtsamkeit. Erst mit dem Verzeihen können wir das loslassen, was uns angetan wurde. Es macht uns nicht nur seelisch wieder frei, sondern erlöst uns auch von den vielen unerklärlichen körperlichen Beschwerden, die aus der eigenen Unfähigkeit zu verzeihen resultieren.
Ganz sicher erfordert es große Stärke, mit erlittenem Unrecht abzuschließen, auf der anderen Seite raubt es uns mindestens genau so viel Kraft, als Opfer mit dem Leben zu hadern und auf Rache zu sinnen. Verzeihen heißt, sein Leben aktiv wieder in die Hand zu nehmen und aus der Opferrolle auszusteigen. Wer verzeiht, lässt nicht mehr zu, dass Menschen oder Ereignisse ungewollt das eigene Leben beeinflussen.
Die Rolle des Opfers einzunehmen, ist für die meisten Menschen

zum einen schmerzhaft, aber auch attraktiv. Man muss schließlich keine Verantwortung für sein Leben übernehmen – selbst, wenn man weiß, dass diese Haltung einen krank und verbittert macht.

Und nun spüren Sie bitte einmal in die gegenteilige Aussage hinein: »Das verzeihe ich dir nie!« So klingt einer der bittersten Sätze überhaupt. Wer nicht vergeben kann, schadet vor allem einer Person: sich selbst. Wir meinen zwar, den anderen zu bestrafen, aber wir übersehen dabei, dass wir uns damit gegen uns selbst richten. Wir verurteilen uns dazu, nicht zu vergessen, halten die Gedanken an das, was uns angetan wurde, wach, und damit natürlich auch den Schmerz. Es ist, als würden wir selbst das Messer, das in der Wunde steckt, immer wieder umdrehen.
Um ein Argument gleich vorwegzunehmen: Durch Verzeihen heißen wir das, was der andere getan hat, nicht automatisch gut. Wir dürfen es nach wie vor niederträchtig, gemein, kriminell, bösartig finden. Wir treffen nur eine für unsere seelische Gesundheit sehr wichtige Entscheidung: Wir lassen nicht länger zu, dass die Wunde unser Leben negativ beeinflusst.

Ja, ich will verzeihen

Vergebung ist die Voraussetzung dafür, dass wir uns im Leben glücklich und frei fühlen.

> *Wer nicht bereit ist, zu verzeihen, hält sich selbst gefangen.*

Er bleibt im Kerker negativer Gefühle von Kummer, Sorgen und Schuld verstrickt. Solche Gefühle blockieren die Fähigkeit, sich in Liebe zu öffnen, und zu vertrauen. Sie halten uns sogar davon ab, uns zu freuen. Wie kann ein Mensch, der sich in seinen Schmerz »verbeißt«, echte Freude empfinden? Nicht verziehene

Verletzungen hausen wie Gespenster in den dunklen Ecken unserer Seele. Wenn wir uns aufraffen zu verzeihen, erlösen wir uns von ihnen.

In den USA haben sich inzwischen Mediziner, Soziologen und Psychologen des Themas angenommen und sogar eine Vereinigung für Vergebensforschung gegründet. 46 Studien wurden inzwischen in Auftrag gegeben, und alle haben gezeigt, wie heilsam sich die Fähigkeit zu verzeihen auf den Körper auswirkt. Es senkt den Blutdruck, lindert Rückenschmerzen und Depressionen, senkt Übergewicht, bringt chronische Schmerzen zum Verschwinden, lässt den Adrenalinspiegel im Blut sinken, reduziert Kopfschmerzen und Schwindel, begünstigt die Heilung von Beschwerden der Wirbelsäule, beseitigt Schlaflosigkeit und rettet so manche Ehe. Amerikanische Ärzte, die bisher zum positiven Denken geraten haben, propagieren nun das Verzeihen als Allheilmittel.

Doch das Verzeihen ist Schwerstarbeit. Nur wenige Menschen können diesen Akt aus sich selbst heraus leisten, denn dazu braucht es das Wissen um die Achtsamkeit, es bedarf der Selbsterkenntnis und der Selbstakzeptanz.

In den USA wird das Verzeihen jetzt in Kursen gelehrt. Ein Psychologe namens Frederic Luskin von der Stanford Universität in Kalifornien hat 259 Menschen aus dem Raum San Francisco sechsmal zu 90-minütigen Sitzungen eingeladen. Dort wurde über die zugefügten Schmerzen diskutiert, es gab Vorträge, und die Teilnehmer lernten, innere Gespräche mit den Menschen zu führen, die ihnen wehgetan hatten. Den meisten ging es hinterher deutlich besser. 70 Prozent hatten weniger Schmerzen, 27 Prozent weniger Rücken- oder Kopfschmerzen, Schwindel und Schlaflosigkeit. 5 Prozent gaben an, nicht mehr so emotional wie vorher auf Stress zu reagieren.

Aus dem Blickwinkel der Achtsamkeit betrachtet ist Vergebung ein Prozess zwischen zwei Seelen. Er erfordert

die seelische Verbindung und die Bereitschaft, bedingungslose Liebe für die Seele des anderen Menschen zu fühlen.
Wenn wir den Prozess des Verzeihens mit Achtsamkeit füllen, kann er in ein paar Minuten abgeschlossen sein. Wir brauchen dazu nur zwei Dinge: Die Bereitschaft, die Vollkommenheit in jedem Augenblick zu sehen und die Kontrolle aufzugeben.

Die fünf Schritte der Vergebung

Verzeihen findet in fünf Teilschritten statt, allerdings nicht immer unbedingt in der folgenden Reihenfolge. Oft genug gehen wir durch mehrere Stadien gleichzeitig hindurch, oder wir wandern spiralförmig von einem Stadium zum nächsten und wieder an den Anfang zurück.

1. *Erzählen, was geschehen ist*
   Hier geht es darum, den Vorfall zu schildern. Sie können Ihre Geschichte jemandem erzählen, von dem Sie wissen, dass er Ihre gegenwärtige Wahrheit akzeptiert. Gibt es eine solche Person nicht, sollten Sie Ihre Schilderung aufschreiben. Benennen Sie genau, was Ihnen zu schaffen macht. Wann in welcher Situation ist in welchem Zusammenhang mit welcher Person was passiert? Erzählen Sie die Geschichte in der dritten Person. Beschreiben Sie mit authentischen Worten, was vorgefallen ist und machen Sie Ihren Gefühlen dabei Luft. Begehen Sie dabei aber bitte nicht den Fehler, sich in irgendwelchen spirituellen oder psychologischen Interpretationen zu ergehen. Sie sollten einfach subjektiv berichten.

2. *Ein Gefühl nach dem anderen hochkommen lassen*
   Bei diesem entscheidenden, zweiten Schritt geht es darum, das gesamte Spektrum der alten Gefühle noch einmal richtig hochkommen zu lassen und voll in sie hineinzugehen. Das ist ein sehr tiefer Prozess, denn Sie müssen davon ausgehen, dass

sich hinter jedem Gefühl weitere, tiefere Gefühle verstecken. Auch diese sollten jetzt zu Tage treten. Meistens spürt man zunächst Wut. Wenn diese dann verraucht ist, kommt darunter fast immer ein tieferer emotionaler Schmerz zum Vorschein, etwa verletzter Stolz, Scham, Trauer oder Angst. Um richtig hineinfühlen zu können, sollten Sie in dieser Phase nicht reden, analysieren oder interpretieren. Ein tiefes Gefühl durch Reden zu verarbeiten, kann nicht gelingen, es ist nur ein weiterer Versuch, sich dagegen zu wehren. Stellen Sie also sicher, dass Sie Ihre Gefühle wirklich fühlen, nicht Ihre Gedanken darüber. Wut ist Energie in Bewegung. Sie freizusetzen heißt, zuzulassen, dass sie sich frei durch unseren Körper bewegt. Wut-Arbeit ist ein Prozess, bei dem die Energie, die sich in unseren Muskeln festgesetzt hat, wieder in Bewegung kommt. Wenn Sie merken, dass Ihre alte Wut noch nicht richtig hochkommen will, sollten Sie vielleicht einige Klassiker aus der Psychotherapie ausprobieren.

Hier einige Vorschläge:

- *Schreien Sie in ein Kissen.*
- *Setzen Sie sich ins Auto, trommeln Sie mit den Fäusten aufs Lenkrad und brüllen Sie dabei.*
- *Gehen Sie Holz hacken und geben Sie mit jedem Schlag einen Schrei von sich.*
- *Schlagen Sie mit einem Tennisschläger auf ein Kissen oder eine Matratze ein.*

Es geht dabei nicht darum, das Gefühl loszuwerden, sondern es zu spüren, während es sich durch den Körper bewegt. Und wie bei allen achtsamen Prozessen sollte das Ganze ohne Gedanken, ohne Bewertung und ohne Urteil geschehen. Sie werden merken, dass – wenn Sie sich Ihrem Gefühl wirklich hingeben, sie sich sehr lebendig fühlen. Mit der Zeit wird sich das

Gefühl von alleine auflösen. Dann zeigt sich, was darunter verborgen ist.

Auch wenn ich es schon mehrere Male hervorgehoben habe, tue ich es hier nochmals: Die Schöpfung hat uns mit der Fähigkeit beschenkt, Gefühle zu empfinden. Unsere Seele will, dass wir sie in ihrer ganzen Fülle erleben. Trauer, Wut, Rache, Eifersucht – alle sind Ausdruck unseres wahren Ichs und sollen so gespürt werden, wie sie sind. Gefühle zuzulassen heißt, anzuerkennen, dass Gefühle ein Teil unserer Vollkommenheit sind. Wir müssen uns nicht für sie verurteilen. Fühlen Sie Ihr Gefühl also ganz und gar und benennen Sie es – als hilflos, ängstlich, glücklich, beschämt. Indem wir unsere Gefühle vollständig fühlen, zeigen wir unser ganzes menschliches Potenzial. Erst wenn wir uns gestatten, Zugang zu unserem Schmerz zu finden, kann Heilung geschehen. Lieben Sie die Gefühle also, die sich Ihnen nun zeigen, und zwar aus ganzem Herzen. Sie sind ein Teil Ihrer Person. Es gibt ein kleines Gebet, das ich Ihnen an dieser Stelle empfehlen möchte:

Ich bitte die Schöpfung um Hilfe,
alle Gefühle, die in mir wohnen,
in Liebe so anzunehmen, wie sie sind.
Ich schließe sie in mein Herz und
akzeptiere sie als einen Teil meines Selbst.

Wenn Sie diese Worte ausgesprochen haben, können Sie den Strahl der Liebe auf sich selbst richten und sagen:

Ich liebe mich dafür, dass ich diese Gefühle habe.
Indem ich sie fühle, trage ich dazu bei, sie zu heilen.

Es ist erstaunlich, wie schnell wir zu Frieden, Freude und Dankbarkeit zurückkommen, wenn wir uns einmal erlaubt haben, unseren tiefsten Schmerz zu spüren.

3. *Die Geschichte auseinander nehmen*
In dieser Phase sollen Sie sich die Entstehungsgeschichte des Problems vergegenwärtigen und erkennen, wie Ihre Interpretation der Ereignisse zu bestimmten Überzeugungen geführt hat, die Ihre Lebenseinstellung und Ihren Lebensstil geprägt haben. Im dritten Schritt beginnen wir nun, langsam zu erkennen, dass viele unserer Sichtweisen nicht der Wahrheit entsprechen, sondern uns in unserem Opfer-Dasein gefangen halten. Ganz langsam entwickeln wir Mitgefühl für die Person, der es zu vergeben gilt. Wir erkennen, dass jeder von uns seinen Möglichkeiten entsprechend reagiert und handelt. Könnte er es anders, würde er es tun. In unserer Kindheit, wo die meisten Verletzungen entstanden sind, lebten wir in einer magischen Welt. Wir glaubten, die ganze Welt drehe sich nur um uns und folglich sei alles, was in unserer Welt passiert, auch unsere Schuld. Aus der heutigen Erwachsenenperspektive können wir uns nun vor Augen führen, was damals wirklich geschehen ist – nicht, was wir damals dachten, was geschehen sei. Im Licht dieser Wahrheit betrachtet, kommen uns jetzt manche Geschichten sogar lächerlich vor. Das wichtige an dieser Phase ist, dass wir aufhören, an unserer Interpretation des Vorfalls festzuhalten.

4. *Der Geschichte einen neuen Rahmen geben*
Hier beginnt nun die Umdeutung. Statt den Vorfall als Drama wahrzunehmen, öffnen wir uns für die Erkenntnis, dass er richtig war – richtig in dem Sinne, dass wir ihn so haben erleben müssen, um daran zu wachsen und zu lernen. Was wir erlebt haben, war also vollkommen! Das Geschenk, das wir bekommen haben, war also in der erlebten Situation enthalten. Um diesen Schritt vollziehen zu können, müssen wir oft erst etwas anderes tun: Wir müssen unseren Wunsch aufgeben, alles verstehen zu müssen. Es gibt für viele Dinge keine Erklärung – muss es auch nicht.

5. *Die Erkenntnis integrieren*
Sie waren bereit, die Situation, in der Sie verletzt wurden, als vollkommen anzuerkennen. Damit ist der größte Schritt zu Ihrer Heilung vollbracht: Sie haben die Situation von damals anerkannt und angenommen. Nun geht es darum, diese Erkenntnis zu einem Teil unseres körperlichen, emotionalen und spirituellen Körpers zu machen. Wenn Sie die Technik des verbundenen Atems beherrschen, können Sie die Verzeihensschritte nun mit dieser Übung abschließen. Eine andere Möglichkeit ist, dass Sie sich selbst ein kleines Abschluss-Ritual ausdenken, um den Prozess würdig zu beenden.

Nach diesen fünf Schritten ist es übrigens nicht nötig, noch einen weiteren Punkt einzufügen, in dem Sie sich selbst vergeben. Unterm Strich ist jede Vergebung nämlich auch eine Selbstvergebung. Sie wird automatisch erzielt, wenn Sie anderen vergeben und Ihre Liebe und Anerkennung auf den anderen richten. In diesem Moment kommt das universelle Gesetz zum Tragen, dass alles, was Sie aussenden, zu Ihnen zurückkommt. Sie werden schnell merken, dass auch Ihnen vergeben wurde.

Mir selbst und anderen vollkommen zu vergeben, ist der Schlüssel zu innerem Frieden, Glück und Freiheit.

Nach einem konsequent durchlaufenen Verzeihensprozess wird sich in Ihrem Leben einiges verändern. Zum Beispiel können Sie mit Freunden Probleme bekommen, mit denen Sie sich bisher überwiegend über Ihre Wunden ausgetauscht haben. Da Sie ja nun aufgehört haben, Ihren Wunden Nahrung zu geben, werden Sie sich in der Gegenwart dieser Menschen unter Umständen nicht mehr so recht wohl fühlen.

Vergeben im Moment der Kränkung

Nachdem wir uns nun mit der Heilung von zurückliegenden Kränkungen beschäftigt haben, möchte ich Ihnen nun eine besondere Variante der Achtsamkeit vorstellen: Verzeihen als Lebenshaltung. Bei dieser »Schule« nutzen Sie Ihr Augenblick-Bewusstsein, um jede Kränkung genau in dem Augenblick zu heilen, in dem sie stattfindet. Ein kleines Beispiel:

> *Sie haben sich gerade über die bissige Bemerkung einer Kollegin geärgert oder mit Ihrem Partner gestritten. Das ist Teil des Lebens. Jederzeit kann uns irgendetwas aus der Fassung bringen oder verletzen. Doch statt beleidigt zu sein und sich schmollend zurückzuziehen oder aggressiv zu werden, wenn die Knöpfe gedrückt werden, können Sie sich entscheiden, an der Situation zu wachsen: Rufen Sie sich im Moment des Ärgers im Geiste das Wörtchen »Stopp« zu: Hier kommt eine neue Gelegenheit, Vergebung zu üben. Diese Person hat in Ihnen etwas angesprochen, das Sie bei sich selbst heilen können. Sie macht Ihnen also ein Geschenk, indem sie Sie auf etwas aufmerksam macht: Die gegenwärtige Situation spiegelt ein früheres Erlebnis, bei dem jemand Ihnen etwas Ähnliches angetan hat. Die Person, auf die Sie gerade wütend sind, steht also nur stellvertretend für jemand, der Ihnen in der Vergangenheit etwas Ähnliches angetan hat. In dem Augenblick, in dem Sie der aktuellen Person vergeben, verzeihen Sie automatisch auch dem anderen Menschen. Und Sie vergeben sich selbst für das, was Sie auf sich projiziert haben.*

> *Andere Menschen müssen sich nicht ändern, damit Sie glücklich sein können.*

In meinen Augen ist die Vergebung im Moment ein wunderbares Instrument der Selbsterkenntnis und der Selbstheilung. Sie heilen damit parallel alle anderen Geschehnisse, in denen das Gleiche oder etwas Ähnliches passiert ist – einschließlich der ursprünglichen, auslösenden Situation, die wahrscheinlich in der Kindheit geschah. Mit der Vergebung im Moment brauchen Sie nicht einmal zu wissen, wann die Kränkung zum ersten Mal geschehen ist. Sie müssen nicht in einer jahrelangen Therapie in Ihrer Vergangenheit herumstochern, um an die auslösende Situation heranzukommen. Das Vergeben im Augenblick heilt alle diese Wunden, ganz gleich, ob Sie sich ihrer bewusst sind oder nicht.

Vergebung im Augenblick funktioniert, wie alles in der Achtsamkeit, durch eine veränderte Wahrnehmung der Situation. Es geht darum, die grundlegende Botschaft anzuerkennen, dass alles in jedem Augenblick vollkommen ist.

Die einzige Aktivität, die das Vergeben im Moment erfordert, ist also die Verschiebung der Wahrnehmung. Damit holen Sie Ihre in der Vergangenheit gebundenen Energien und die auf die Zukunft projizierten Ängste ins Jetzt.

Wenn Sie im Jetzt sind, können Sie sich nicht ärgern. Haben Sie es schon einmal versucht? Ärger und Groll leben nur in der Vergangenheit. Auch Angst gibt es nicht, wenn Sie im Moment bleiben. Sie bezieht sich immer nur auf die Zukunft.

In der Gegenwart sind nur Liebe, Anerkennung und Vergebung möglich.

Das Göttliche im anderen sehen

Wenn Sie wieder einmal wegen eines Mitmenschen in Rage geraten, hilft auch diese kleine Übung:

Schauen Sie die Person an und erkennen Sie in ihr das göttliche Licht. Sobald Ihnen das gelingt, werden Sie mit der Person verschmelzen und erkennen folglich auch in sich selbst das

Göttliche. Zugegeben, das erfordert eine gewisse Geistesgegenwart. Aber glauben Sie mir, es wird die Stimmung zwischen Ihnen und Ihrem Gegenüber schlagartig verändern. Im Augenblick der energetischen Vereinigung erhöhen wir unsere Schwingung und überwinden die Instanz des Verstands, dessen ganze Existenz darauf basiert, Dinge zu trennen, zu analysieren und auseinander zu nehmen. Damit entfällt automatisch das Bedürfnis, den anderen anzugreifen oder uns zu verteidigen. Wer im anderen das Göttliche erkennt, kann nicht anders, als ihm zu vergeben.

Die Technik der nie abgeschickten Briefe

Auch diese Übung wirkt am besten in dem Augenblick, in dem das Gefühl der seelischen Verletzung präsent ist. Wenn das Ereignis schon eine Weile her ist und Ihre Gefühle sich gelegt haben, sollten Sie sich bemühen, sie für das Briefeschreiben wieder lebendig werden zu lassen.

Insgesamt schreiben Sie drei Briefe an die Person, die Sie verletzt hat.

Im ersten Brief machen Sie Ihrem Ärger und Ihrer Wut Luft. Sie dürfen die Person beschimpfen, ihr drohen und die übelsten Verwünschungen ausdrücken, wenn Ihnen danach ist. Sie können selbstverständlich auch Rache schwören. Schreiben Sie, bis alles heraus ist. Sollten Ihnen dabei die Tränen kommen, umso besser. Kommt Wut hoch, lassen Sie auch diese heraus. Schreien Sie, trommeln Sie auf ein Kissen, stampfen Sie auf den Boden.

Der zweite Brief wird einen Tag später geschrieben. In Ihm darf bereits Mitgefühl anklingen und ein gewisses Verständnis für die Situation der betreffenden Person. Auch wenn Sie den Menschen noch nicht von Vorwürfen freisprechen können, sollten Sie zumindest die Möglichkeit in Erwägung ziehen zu vergeben.

Am dritten Tag schreiben Sie den Brief der Vergebung. Hier nun setzen Sie die Erkenntnis ein, die Sie auf den vorangegangenen Seiten dieses Kapitels gewonnen haben und versuchen, die Situation anders zu deuten.

Es ist sehr wichtig, dass Sie keinen der drei Briefe abschicken, denn diese sollen Ihre eigene Energie verändern, nicht die des Empfängers. Trotzdem wird die andere Person eine Wirkung verspüren.
Sie können die Briefe aufbewahren. Ich empfehle Ihnen aber, sie zu verbrennen. Feuer ist in vielen Kulturen rund um den Erdball ein Element der Transformation. Es wird den Akt der Vergebung wirkungsvoll besiegeln und vollenden. Machen Sie ruhig ein kleines hingebungsvolles Ritual daraus. Ich verbrenne bei solchen Gelegenheiten gerne Salbei, weil er gleichzeitig von negativen Energien reinigt. Sie können aber auch Weihrauch nehmen, der dem Ganzen eine besonders feierliche Note gibt oder ein anderes aromatisches Harz. Während Sie zusehen, wie Ihre Worte verbrennen, sich in Rauch auflösen und zu Asche zerfallen, wird auf jeden Fall eine kraftvolle Energie frei, die Ihrer Absicht Nachdruck verleiht.

Wer die inneren Einstellungen seines Geistes heilt, trägt leichter an seinen Lasten.

Das letzte Verzeihens-Ritual, das ich Ihnen empfehle, ist Meditation. Wenn der Geist in stiller Meditation verweilt, ist unser Herz immer geöffnet und wir befinden uns im Augenblick. Das ist der Zustand, in dem alle Zellen des Körpers sich regenerieren. Es ist der Zustand, in dem Selbstheilung möglich wird. Entspannt und mit offenem Herzen – so hat uns die Natur eigentlich gemeint.

Meditation schafft genau dieses heilende Feld. Durch die folgende Meditation können Sie sich ganz bewusst in der Energie des Verzeihens ausdehnen.

In den vier Schritten praktizieren wir zunächst uns selbst gegenüber Vergebung, dann bitten wir diejenigen um Verzeihung, die uns verletzt haben. Ich empfehle Ihnen, in jeder der vier Phasen etwa zehn Minuten zu verweilen.

Die Meditation des Verzeihens

- *Einstimmung*
  Nehmen Sie bitte Ihre gewohnte Meditationshaltung ein und achten Sie auf eine aufrechte Wirbelsäule. Richten Sie Ihre Aufmerksamkeit zunächst nur auf das Ein- und Ausatmen. Dann werden Sie sich allmählich Ihres Herzens bewusst. Mit jedem Einatmen wird Ihr Herz weicher und öffnet sich mehr und mehr, mit jedem Ausatmen lassen Sie Stress, Anspannung und Negativität davonfliegen. Je mehr liebevolle Aufmerksamkeit Sie in Ihren Herz- und Brustraum schicken, desto besser kann sich Ihr Geist auf das Thema Verzeihen einstimmen.

- *Den Geist der Verzeihung einladen*
  Nennen Sie sich nun bei Ihrem Namen oder erzeugen Sie in Ihrer Vorstellung ein Bild von sich und platzieren Sie dieses Bild in Ihren Herzraum. Hüllen Sie sich mit liebevoller Fürsorge ein. Je mehr Liebe Sie sich geben können, desto größer wird nun Ihre Bereitschaft, sich selbst zu vergeben. Auch wenn Sie diese Übung nur ganz kurz machen, wird sie Ihnen helfen. Während Sie das Gefühl der Selbstfürsorge aufrechterhalten, wiederholen Sie immer wieder folgendes Mantra: »Ich verzeihe mir. Ich vergebe mir all das Leid und den Schmerz, die ich mit Worten oder mit Handlungen ausgelöst habe. Ich verzeihe mir.«

Mag sein, dass Ihr Geist nun eine Flut von Argumenten produziert, warum Sie es nicht verdient haben, dass Ihnen verziehen wird. Oder Sie empfinden starke Reue- und Schuldgefühle. Erinnern Sie sich an die Prinzipien der Achtsamkeit im Umgang mit Wahrnehmungen: Registrieren und würdigen Sie Ihre Gefühle und lassen Sie sie zusammen mit allen inneren Widerständen ziehen. Danach kehren Sie unbeirrt zu Ihrem Mantra zurück und laden die Energie des Verzeihens ein. Stellen Sie sich vor, alle Widerstände auszuatmen und Vergebung einzuatmen. Lassen Sie sich ganz vom Geist des Verzeihens durchdringen.

- *Anderen vergeben*
  Denken Sie an eine Person, der Sie verzeihen möchten und projizieren Sie deren Bild in Ihr Herz. Behalten Sie die Person mit Liebe eine Weile im Herzen. Was immer an Widerständen in Ihnen aufkommt – atmen Sie es einfach aus. Atmen Sie Verzeihung ein und atmen Sie Zorn, Wut, Rachegefühle aus. Währenddessen wiederholen Sie im Geiste folgendes Mantra: »Ich verzeihe dir all den Schmerz und das Leid, das du mit Worten und Handlungen ausgelöst hast. Ich verzeihe dir.« Atmen Sie dabei ein und aus und lassen Sie alle aufkommende Anspannung los. Der Bauch soll ganz weich und locker bleiben. Nehmen Sie sich genügend Zeit für diesen wichtigen Prozess und begegnen Sie wiederum all den Widerständen Ihres Geistes mit den bekannten Techniken der Achtsamkeit. Kommt ein Gedanke auf, würdigen Sie ihn, lassen Sie ihn los. Mit jedem weiteren Gedanken verfahren Sie in der gleichen Art. Erinnern Sie sich, dass Sie die Worte oder Taten der Person nicht gutheißen müssen, sondern dem Menschen für seine Unwissenheit vergeben, die ihn so hat sprechen oder handeln lassen.

- *Um Vergebung bitten*
  Im letzten Teil stellen Sie das Bild einer Person in Ihr Herz, der Sie Leid, Ärger und Schmerzen verursacht haben. Hüllen Sie die Person mit Liebe und dem Geist der Verzeihung ein. Im Geiste wiederholen Sie nun wieder das Mantra wie folgt: »Verzeih mir. Vergib mir all den Schmerz und das Leid, das ich in dir mit Worten und Handlungen ausgelöst habe. Verzeih mir.« Atmen Sie weiterhin ganz bewusst ein und aus. Akzeptieren Sie Ihre eigene Unwissenheit und Ihre Engherzigkeit. Jeder von uns macht Fehler, und heute sind Sie nicht mehr die Person, die Sie damals waren. Öffnen Sie Ihr Herz der Vergebung, um sich von diesem Schmerz zu befreien. Wiederholen Sie nach einigen weiteren Atemzügen die Worte: »Mir ist verziehen, mir ist verziehen.« Lassen Sie Ihr ganzes Wesen vom Geist der Vergebung durchdringen. Ihnen wurde vergeben und Sie haben verziehen. Es gibt keine Schuld mehr zu begleichen. Um Ihre Meditation zu beenden, atmen Sie noch einmal ganz tief ein und lassen Sie die Luft langsam und sanft ausströmen. Dehnen und recken Sie sich genussvoll und genießen Sie das Gefühl der Befreiung, das sich jetzt in Ihrem Herzen ausbreitet. Die entstehende Freude schicken Sie in die ganze Welt.

So sprechen Sie mit Ihrem Herzen

Aus der psychiatrischen *Shadyside-Klinik* der US-Universität Pittsburgh kommt eine Methode, die ich für sehr interessant halte. Sie zielt darauf ab, zwischen Herz und Hirn eine Übereinstimmung entstehen zu lassen, eine so genannte Kohärenz. Obwohl erst kürzlich entwickelt, haben mehrere Untersuchungen bereits hervorragende Auswirkungen auf die Gefühlswelt bewiesen. Menschen, die diese Übung seit längerem praktizieren, geben an, dass sie viel stärker mit sich im Einklang seien. Meines Wissens ist die Kohärenz-Methode die erste wissenschaftlich fundierte Technik, um mit dem eigenen Herzen Kontakt aufzunehmen.

Man weiß seit kurzem, dass nicht nur der Darm, sondern auch das Herz über ein enormes Nervengeflecht verfügt, das so etwas wie ein kleines Gehirn im Körper darstellt. Dieses lokale Gehirn kann selber Dinge wahrnehmen und sich seinen Erfahrungen entsprechend sogar verändern. Die Neurologen aus Pittsburgh haben nun nachgewiesen, was viele von schon intuitiv gespürt haben: Das Herz nimmt Dinge wahr und fühlt, es spricht sogar zu uns.

Im Zustand der Herz-Hirn-Kohärenz empfinden wir Wohlbefinden, Mitgefühl und Dankbarkeit, auch unser Gehirn arbeitet schneller und präziser. Diese positiven Gefühle führen zu gleichmäßigem Puls. Auch die natürlichen Schwankungen des Blutdrucks und der Atmung gleichen sich rasch der Herzkohärenz an und alle drei Systeme stimmen sich aufeinander ab. Kohärent sind wir manchmal im ganz normalen Alltag. Dann kommen wir natürlich und ohne Anstrengung auf Ideen. Ohne lange nachzudenken, fallen uns die richtigen Worte ein, und wir handeln zügig und effizient. In dieser Verfassung sind wir auch bereit, uns auf etwas Neues einzustellen, denn unser Körper befindet sich im optimalen Gleichgewicht, ist allem gegenüber offen und entwickelt schnell Lösungen für Probleme.

Die Wissenschaftler kommen nun zu dem Schluss, dass man im Stress, bei Beziehungs- und Jobproblemen nicht unbedingt die Lösung darin suchen sollte, ideale äußere Bedingungen herzustellen. Es sei doch viel einfacher, sein Innenleben unter Kontrolle zu bringen. Wenn wir das physiologische Chaos bändigen, indem wir uns um eine möglichst große Kohärenz bemühen, fühlen wir uns automatisch wohler und unsere Beziehungen zu anderen, Konzentration, Leistung und Ergebnisse werden besser. Mit einem Mal sind die günstigen Umstände, denen man die ganze Zeit hinterhergelaufen ist, von ganz alleine da. Andererseits kann uns mit einem harmonisierten Innenleben alles, was aus der Außenwelt kommt, nicht mehr so massiv beeinträchtigen. Ist das nicht wunderbar? Und noch etwas fanden die Forscher heraus: In der Kohärenz zwischen dem emotionalen Gehirn im Kopf und dem Herzhirn können wir nicht nur auf die intuitive Weisheit des emotionalen Gehirns zurückgreifen, sondern auch auf die abstrakten Überlegungen des kognitiven Gehirns. Wir denken also auch logischer und nutzen unseren Verstand.

Wichtig ist noch zu wissen, dass Kohärenz zwar zu innerer Ruhe führt, aber trotzdem keine Entspannungsmethode ist. Sie versteht sich eher als Verhaltensweise, die sich in allen Situationen des Alltags herstellen lässt. In der Freude des Sieges, im Schmerz der Niederlage ja auch in der körperlichen Liebe können wir die Pforte zur Energie des Herzens durch Konzentration öffnen. Menschen, die Kohärenz entdeckt haben und regelmäßig praktizieren, werden nicht nur die üblichen Stressleiden los. Die Wissenschaftler behaupten sogar, dass der Körper sich regelrecht verjüngt. Probieren Sie es einmal. Die folgende Übung wurde am *HeartMath Institute* in Kalifornien entwickelt, wo man sich mit den praktischen Aspekten der Kohärenz befasst:

Kohärenz

Nehmen Sie in Ihrer Meditationsecke Platz und richten Sie Ihre Aufmerksamkeit für einige Zeit nach innen. Lassen Sie Ihre Sorgen los, indem Sie sich vorstellen, dass diese beim Ausatmen Ihren Körper verlassen. Atmen Sie nun zwei Mal langsam und tief ein und aus und vollziehen Sie dabei jeden Atemzug ganz bewusst bis zum Ende. Danach legen Sie einige Sekunden Pause ein, bevor Sie wieder einatmen. Lassen Sie sich vom Ausatmen bis zu dem Punkt tragen, wo das Atmen ganz natürlich sanft und leicht wird. Stellen Sie sich nun vor, Sie atmen durch das Herz. Während des sanften Weiteratmens malen Sie sich aus, wie Sie in Ihr Herz hinein- und aus ihm herausatmen. Mit dem Einatmen liefern Sie Ihrem Herzen den so wichtigen Sauerstoff, mit dem Ausatmen blasen Sie alle Abfallstoffe aus ihm heraus. Verfolgen Sie ganz bewusst die fließenden Bewegungen des Ein- und Ausatmens und lassen Sie vor Ihrem inneren Auge das Bild entstehen, dass Ihr Herz sich in diesem Bad frischer, reinigender Luft wäscht. Stellen Sie sich Ihr Herz als Baby in einer kleinen Wanne vor, in der es voller Vergnügen herumplanscht und hin- und herpaddelt. Schauen Sie Ihrem Herzen zu wie einem Kind, dem man beim Spielen zuschaut. Von einem kleinen Kind erwarten Sie auch nichts weiter, als dass es ist, wie es ist, in seinem natürlichen Element. So schauen Sie auch Ihrem Herzen einfach zu, wie es sich beschäftigt, während Sie ihm weiter milde, reinigende Luft zukommen lassen.

Als nächstes lassen Sie nun ein Gefühl von Wärme und Ausdehnung in Ihrem Brustraum entstehen. Begleiten Sie dieses Gefühl mit Ihrem Atem. Es kann sein, dass das Gefühl von Wärme sich anfangs noch nicht so recht einstellen will. Aber mit wachsender Übung merken Sie, dass sich das Wärmegefühl immer leichter herstellen lässt. Unterstützend wirkt, wenn Sie sich zugleich für ein Gefühl der Dankbarkeit öffnen. Dankbarkeit ist eine Schwester der Liebe und entsteht ebenfalls im Herzen. Das Herz ist besonders empfindsam für Dankbarkeit – ganz gleich, wem oder was sie gilt. Sie können für die Situation, in der Sie sich befinden, dankbar sein, für einen Menschen, den Sie kennen, für Ihr Leben. Manchmal genügt es schon, sich das Gesicht eines geliebten Menschen vorzustellen, oder eine friedvolle Szene in einer schönen Landschaft. Bei anderen Menschen wiederum löst die Erinnerung an ein schönes Erlebnis Dankbarkeit aus, ein gelungenes Essen, ein inspirierendes Gespräch, einen Ausritt. Während der Übung bemerken Sie vielleicht, dass langsam ein Lächeln in Ihrem Gesicht entsteht, das von Herzen kommt. Dies ist ein Zeichen von Kohärenz.

Je intensiver Sie die Technik üben, umso leichter wird es Ihnen gelingen, immer wieder in diesen angenehmen Zustand zu kommen. Nach einiger Zeit sind Sie vielleicht sogar imstande, mit dem eigenen Herzen in einen Dialog zu treten. Versuchen Sie einmal, ihm in einer Herzensangelegenheit eine Frage zu stellen wie: »Liebe ich ihn/sie von ganzem Herzen?« Achten Sie darauf, wie Ihr Herz reagiert. Spüren Sie eine Welle von Wärme oder Wohlbefinden, können Sie davon ausgehen, dass die Frage mit Ja zu beantworten ist. Wenn sich Ihr Herz hingegen etwas zurückzieht, weil die Kohärenz nachlässt, möchte Ihr Herz die Person lieber meiden. Es ist enorm wichtig, sich die Vorlieben des Herzens immer wieder bewusst zu machen, denn sie bestimmen unser Lebensgefühl sehr nachhaltig.

Heilung durch EMDR

Zu Beginn des Kapitels habe ich eine Methode erwähnt, die mir geholfen hat, das Trauma meiner Kindheit zu bewältigen. Die Therapie überzeugt mich unter anderem, weil sie dem Patienten Hilfe zur Selbstheilung gibt. Während der Patient einen seelischen Prozess durchläuft, dessen Intensität und Verlauf er selbst bestimmt, bleibt der behandelnde Psychologe während der Sitzung in der Position des beobachtenden Zeugen. EMDR leitet sich von dem Begriff *Eye Movement Desensitization and Reprocessing ab,* was so viel heißt wie Desensibilisierung und Wiederherstellung mittels der Augenbewegungen.

Die Methode wurde um 1990 von der Amerikanerin Dr. Francine Shapiro entwickelt. Während eines Spaziergangs merkte die Psychologin, dass ihre ewig wiederkehrenden, quälenden Gedanken, die mit ihrer gerade durchlebten Trennung zusammenhingen, plötzlich weg waren und nicht wieder auftauchten. Als Psychologin suchte sie natürlich nach einer Erklärung für den Vorfall, und tatsächlich fand sie den Grund heraus: Ihre Augen

hatten sich während der unangenehmen Gefühle und Gedanken unwillkürlich schnell hin- und herbewegt. Als Dr. Shapiro sich ganz bewusst bemühte, die Gedanken wieder hervorzuholen, empfand sie diese nicht mehr als störend.
Die EMDR-Methode ist inzwischen so erfolgreich, dass sie offiziell als eines von vier nachweislich effektiven Verfahren zur Behandlung von Traumata und Angststörungen eingestuft wurde. Die Erfolgsrate beim posttraumatischen Belastungssyndrom liegt bei etwa 90 Prozent. Das Besondere bei der Therapie ist der Einsatz der bilateralen Stimulation: Während der Patient die Gefühle der traumatischen Situation in sein Bewusstsein zurückholt, wird er schnellen Rechts-Links-Reizen ausgesetzt. Das geschieht entweder durch pendelartige Handbewegungen, die er mit den Augen verfolgen muss, durch so genannte Tapper, die abwechselnd in den Händen vibrieren oder durch akustische Signale. Dr. Ernst Kiener aus München, bei dem ich meine Therapie machte, setzt seinen Patienten Ohrhörer auf und lässt sie einfache Akkorde in moll hören, die abwechselnd dem rechten und dem linken Ohr zugespielt werden. Wie man heute weiß, regen die bilateralen Reize im Gehirn Verarbeitungsprozesse an. Die Bilder und Gefühle, die mit dem Trauma zusammenhängen, werden somit desensibilisiert und zum Positiven hin geändert. Während des erneuten Durchlebens der traumatisierten Gefühle heilt EMDR die Blockade im Gehirn.

Wenn wir doch nur den Mut aufbringen könnten, den Schmerz unseres nicht ausgelebten Leids zu spüren.

Auch in mir mussten die schrecklichen Bilder und Gefühle noch einmal entstehen, die sich in meinem emotionalen Gehirn unauslöschlich eingegraben hatten. Während einer EMDR-Sitzung wurde ich wieder das siebenjährige Kind, das die Nachricht vom Flugzeugabsturz des Vaters »erfuhr«, ohne dass man es ihm sagte. Ich hörte die Großeltern tuscheln und sah, wie sie ihr tränenüberströmtes Gesicht vor mir verbargen. Es war etwas Entsetzliches geschehen, das man mir verheimlichte. Bis ich es am nächsten Tag von meiner Schulnachbarin erfuhr. Es hatte längst in den Zeitungen gestanden.

Wie alle Geheilten, bin ich natürlich besonders von derjenigen Methode überzeugt, die mich von der Last meiner verletzten Gefühle befreite. Sie wählen vielleicht einen anderen der hier aufgezeigten Wege. Auf jeden Fall wünsche ich mir, dass es Ihnen bald gelingt, die Steine aus Ihrem Lebensrucksack abzuwerfen, die Sie davon abhalten, Ihren wahren Zielen zu folgen.

Kapitel 7
Zeiträubern auf der Spur

Zeitnot – die Krankheit unserer beschleunigten Gesellschaft. Die Achtsamen sind ihr gewachsen. Da sie wissen, wer sie sind, was sie tun und was sie wollen, können sie bewusst Prioritäten setzen.

»Wenn du es eilig hast, gehe langsam!«

In extrem hektischen Zeiten, wenn das Chaos ringsum seinen Höhepunkt erreicht, springt bei mir ein Überlebensmechanismus an. Ich werde vollkommen ruhig, blende sämtliche Außenreize aus und ziehe mich in mein Inneres zurück. Die Erfahrung hat mir gezeigt, dass ich mich in solchen Augenblicken hundertprozentig auf meine Intuition verlassen kann. Mitten im größten Stress bin ich am stärksten mit ihr verbunden. Sie sagt mir exakt, was zu tun ist, und das ist meistens … nichts.
Nicht reagieren, ruhig atmen, nach innen horchen. Erst vor kurzem wurde mir bewusst, dass der Rückzug auf die Innenwahrnehmung eine uralte, Technik der Achtsamkeit ist, um sich dem Trubel der Außenwelt zu entziehen.

Gehen Sie einmal während des Schlussverkaufs durch die Einkaufszone einer Innenstadt. Halten Sie sich gerade, lassen Sie die Schultern fallen und richten Sie Ihre Aufmerksamkeit auf den Atem. Atmen Sie ein, atmen Sie aus und koordinieren Sie den Atem mit Ihren Schritten. Lassen Sie Ihren Blick dabei »weich« und etwas ungenau werden, indem Sie halb nach innen und halb nach außen schauen. Mehr ist nicht zu tun. Einatmen, ausatmen, rhythmisch mit dem Atem gehen. Mit der Zeit werden Sie feststellen, dass die Hektik Sie gar nicht mehr berührt und sich stattdessen ein sanftes Gefühl von Gelassenheit ausbreitet. Vielleicht beginnen Sie kaum merklich zu lächeln, auf jeden Fall fühlen Sie sich wunderbar. Von innerer Stille erfüllt, sind Sie zu einem beweglichen Ruhepunkt inmitten der rastlosen Masse geworden. Das ist die erste Stufe von »Street-Zen« – einer im Westen entwickelten Achtsamkeitspraxis für das Leben in der Großstadt.

»Wenn du es eilig hast, gehe langsam!«, sagt ein Sprichwort aus dem fernen Osten. Und immer mehr Menschen im Westen halten sich daran. In einer Zeit, die den Überflieger zum Leitbild erkoren hat, den rastlos aktiven Menschen, rund um die Uhr erreichbar und dauernd online, hat sich als Gegenpol eine neue Langsamkeit entwickelt. Runter vom Leben auf der Überholspur, das hat sich die globale *slow down-* Bewegung auf die Fahne geschrieben. In Deutschland notiert der »Verein zur Verzögerung der Zeit« in seinen Statuten, dass die Mitglieder sich zum Innehalten verpflichten und zum Nachdenken auffordern. Entschleunigung, der Gegentrend zum Turbo-Kapitalismus. Das lässt uns hörbar durchatmen. In den Medien wird die neue Welle schon kräftig gefeiert. Kontemplation statt Geschwindigkeit, Bescheidenheit statt Gewinnsucht, Sehnsucht nach Geborgenheit – da lehnen wir uns gerne etwas tiefer in den Sessel zurück. Sogar von traditionellen Werten ist wieder die Rede: Familienorientierung, gute Manieren, alles ist zurück. Und es wird sogar wieder gekocht. Mit frischen Zutaten, nach alten Rezepten. Eine Vereinigung namens *slow food* fordert uns auf, dem geschmacksverstärkten Einheitsbrei der Fast-Food-Küche den Rücken zu kehren und den Reichtum des natürlichen Geschmacks wieder zu entdecken. Wie dankbar ich doch war, letzten Sommer in der Bäckerei einer griechischen Insel neben den aromatisierten Cornflakes ein Demeter-Müsli zu entdecken.

»Entschleunigt zur Arbeit«

Auch im Berufsleben scheint sich die neue Langsamkeit bemerkbar zu machen. Parallel zu einer Generation, die schnell, mobil und flexibel lebt, immer mehr Geld und immer weniger Zeit hat, kommen aus den USA die *slobbies* zu uns. *Slower but better working people* – Menschen, die sich entschlossen haben, langsamer, aber besser zu arbeiten. Ich habe zwar noch keine Idee, wie sich dieser Trend in Branchen wie der meinen durchsetzen könnte, die von unumstößlichen *deadlines* gekennzeichnet ist, willkommen ist er mir trotzdem.

Gehören Sie zu den Be- oder Entschleunigern? Ich nehme an, Sie haben sich richtig entschieden. Jeder von uns hat die Erfahrung schon gemacht, dass man mit Schnelligkeit nur selten schneller zum Ziel kommt. Längst ist erwiesen, dass Zeitdruck und Zeitnot nichts anderes zur Folge haben als Fehlentscheidungen, die dann zeitaufwändig wieder rückgängig gemacht werden müssen. Ganz zu schweigen von Stresserkrankungen wie Burnout, Infarkt, Magengeschwüren und Depression, deren Behandlung das kosten, was man ursprünglich sparen wollte: Zeit und Geld. Speedmanagement, das Credo der 90er-Jahre, ist ganz offensichtlich an seine Grenzen gestoßen. Das neue Schlagwort von der »Zeitökologie« deutet an, dass weltweit ein großes Umdenken vonstatten geht.

Sogar die Rückkehr zum biologischen Zeitmaß wird jetzt angepeilt – viele Menschen berücksichtigen schon die Organuhr und besinnen sich auf natürliche Zeitrhythmen. »Ziehen Sie Ihre Uhr aus, wenn Sie nach Hause kommen«, las ich kürzlich in einer Zeitschrift. Ich trage seit über zehn Jahren keine Armbanduhr mehr. Die einzigen Zeitmesser in meinem Haus sind im Handy und im Computer eingebaut.

Zeit ist nicht durch Eile zu gewinnen

Wer heute noch glaubt, durch Hetze schneller voranzukommen, unterliegt einem gefährlichen Irrtum. Er läuft sogar Gefahr, der *hurry sickness* zu erliegen. Das ist die Krankheit der Gehetzten, die meinen, sich aus dem Karussell der täglichen Verpflichtungen befreien zu können, indem sie alles immer schneller machen. Dabei liegt genau hier das Problem. Je mehr wir uns beeilen, desto schneller verrinnen für uns die Stunden. Lassen wir uns hingegen für eine Sache mehr Zeit, meinen wir auch, mehr Zeit zu haben.

Unsere Zeitempfindung ist vollkommen subjektiv.
Ob wir das Gefühl von viel oder wenig Zeit haben, hängt von verschiedenen Faktoren ab:

- unserer körperlichen, mentalen und emotionalen Verfassung,
- unseren Körperrhythmen und
- unserem Bewusstsein.

Wir haben Zeit, wenn wir in unserer Mitte sind. Wir gewinnen Zeit, indem wir achtsam mit ihr umgehen. Wir gehen durch Lebens-Zeit-Bewusstsein ganz natürlich mit der Zeit.

Mit großer Befriedigung stelle ich fest, dass auch die Experten für Zeitmanagement inzwischen auf der »Langsam-Welle« reiten. Während sie ihren Kursteilnehmern noch bis vor einigen Jahren beibrachten, wie sie möglichst viele Aufgaben in möglichst kurzer Zeit bewältigen können, hat sich das heute grundlegend geändert. In den neuen Fortbildungsseminaren geht es um *Work-Life-Balance*, um das Gleichgewicht zwischen Arbeit und Freizeit. Da bleibt endlich auch wieder Raum für *quality-time* – für Spaß, Kontakte und Privatleben. *Live, love, learn, leave a legacy* – das sind die neuen »L« , die für die wesentlichen Dinge im Leben stehen sollen: Lebe, liebe, lerne, hinterlasse ein Vermächtnis. Ich begrüße die neuen Werte des Zeitmanagements. Möge die Kunde in den Managerherzen aller Herren Länder Einzug halten.

Allerdings bin ich der Meinung, dass Zeitnot gar nicht so sehr unser Problem ist. Viel tragischer ist die unmerkliche Veränderung unserer Wahrnehmung. Unter Zeitstress verengt sich unser Horizont, und wir erkennen nicht mehr, was wichtig ist. Wir verlieren unsere Lebensziele aus den Augen, vernachlässigen unsere Beziehungen, vergessen unsere Kraftquellen. Unterm Strich sind wir nicht mehr in der Lage, die richtigen Prioritäten zu setzen.

Achtsam zwischen work und life

Der einzige, wirklich wirksame Weg aus der Zeitfalle ist Lebens-Zeit-Bewusstsein. Nur wenn wir uns aufmachen, dem Zeitdruck aktiv etwas entgegenzusetzen, fallen wir ihm nicht zum Opfer. Auch gegen Desorientierung, falsche Prioritäten und Ziellosigkeit ist achtsames Leben das Heilmittel per se. Innehalten und langsamer werden – das ist nur der erste Schritt in die richtige Richtung. Aber dann brauchen wir Methoden, die unsere Horizonte öffnen. Endlich wieder weiter schauen!
Es ist immer wieder erstaunlich, zu beobachten, wie spielerisch leicht der Balanceakt zwischen *work* und *life* vonstatten geht, sobald wir achtsamer zu leben beginnen. Lebens-Zeit-Bewusstsein bedeutet ja nichts anderes als jeden kleinen, alltäglichen Augenblick mit dem Strahl liebevoller Aufmerksamkeit zu beleuchten. In diesem Licht schmilzt jedes innere Getriebensein, unsere Haltung verändert auch der Blick. Wir lernen, im Chef, im Kollegen, im Konkurrenten den Menschen zu sehen. Wir schaffen ein menschlicheres Arbeitsklima und tragen die Erfolge nach Hause, in unsere privaten Beziehungen.

> *Wer sich angewöhnt, immer öfter, immer bewusster nur im Augenblick zu leben, entwickelt sehr schnell das Gespür für das, was ihm wichtig ist. Er muss nicht lange nachdenken, wenn er eine Entscheidung zu treffen hat. Er setzt, ohne zu zögern, klare Prioritäten.*

Ich kenne einen äußerst erfolgreichen Chefredakteur, der sich jeden Tag eine Stunde lang in seinem Büro einschließt, um zu meditieren. In dieser heiligen Zeit stellt seine Assistentin keinen Anruf durch, kein Redakteur darf an seine Tür klopfen. Nichts ist diesem Mann in seiner Mittagsstunde wichtiger als die Vertiefung in einen Zustand, in dem er sich selbst begegnet. Anschließend kehrt er erfrischt und mit klarem Kopf in den Arbeitsalltag zurück.

Regelmäßige Meditation bringt nicht nur Ruhe und Regeneration, sie ist auch ein wunderbares Instrument zur Selbsterforschung. Während des Meditierens erhalten wir Zugang zu neuen Bewusstseinsinhalten. Wenn sich die feinen Kanäle unserer Wahrnehmung öffnen, beginnen wir zu begreifen, wer wir sind und was wir wirklich wollen. Verbunden mit unserem höheren Selbst fällt es uns plötzlich ganz leicht, zwischen eigen und fremd zu unterscheiden.

Was sind unsere wahren, inneren Interessen und Bedürfnisse und was haben wir uns von außen »aufdrücken« lassen? Wo versucht man, uns zu manipulieren, wo reden wir uns selbst etwas ein?

Wann spielen wir eine Rolle, wann verhalten wir uns authentisch? Was empfinden wir als Wahrheit?

Meditative Techniken helfen uns, auf diese Fragen Antworten zu finden und unsere natürlichen Lebensziele zu erkennen. Jeder kann seine Zeit entschleunigen, ohne ein anderes Leben leben zu müssen.

Vom Zeitnotstand zum Zeitwohlstand

Achtsamkeit ist eine Praxis. Sie will tagtäglich geübt werden. Sie ist nicht für Feiertage oder für ruhige Stunden reserviert, sondern für das Leben mittendrin. Jeder kann seinen persönlichen, »gefühlten« Alltagsstress durch Inseln der Achtsamkeit auflösen. Wie das geht, zeigen die folgenden Beispiele.

- *Setzen Sie wöchentliche Prioritäten*
  Sie kennen die Tage, an denen Sie abends erschöpft und genervt nach Hause kommen. Unendlich viele Aufträge wurden angeleiert, Arbeiten erledigt. Nach dem Mittagessen zwischen Tür und Angel blieb kaum Zeit zum Luftholen, so schnell rat-

terte im Kopf die Gedankenmaschine: Ich muss noch dies, danach noch jenes. Trotzdem haben Sie nichts Wichtiges geschafft.
Die Lösung Ihres Problems heißt in diesem Fall: Entkommen Sie dem Diktat des Dringlichen! Die meisten Arbeitstage sind so mit der Erledigung von dringlichen Angelegenheiten angefüllt, dass wir kaum noch Zeit für das Wichtige haben. Das Wichtige sind jedoch die Dinge, die uns am Herzen liegen und unsere Zukunft prägen.

Mein Vorschlag: Legen Sie sich zwei Kalender an! Einen Tageskalender für Dringliches und einen Wochenkalender für Wichtiges. Die meisten von uns sind in ihrer persönlichen Arbeitsorganisation völlig auf ihren täglichen Terminkalender fixiert. Wenn wir jedoch unsere Visionen oder höhere Ziele in Angriff nehmen wollen, müssen wir uns einen Planungshorizont schaffen, der weit über kurzfristige Verabredungen hinausgeht. Kein Mensch, der in einen Arbeitsalltag eingebunden ist, hat unbegrenzte Zeit für das, was ihm am Herzen liegt. Doch einmal in der Woche sollte es möglich sein!

Man kann alles richtig machen
Und doch das Wichtigste versäumen.
(Alfred Andersch)

- *Durchbrechen Sie festgefahrene Gewohnheiten.*

Tagtäglich gehen wir zur Arbeit und wieder nach Hause. Meist nehmen wir sogar den gleichen Weg. Warum eigentlich? Befreien Sie sich bewusst aus Ihrem Zeit-Korsett und brechen Sie aus Ihrer Routine aus! Ich zum Beispiel liebe es, hin und wieder auf dem Weg zur Arbeit an einer hübschen Espressobar anzuhalten und einen Cappucino zu trinken. Jedes Mal treffe ich dadurch zwar etwas später im Büro ein, aber für mich sind diese Ausflüge pures Lebens-Zeit-Bewusstsein. Danach bin ich nicht nur besser gelaunt, mir gehen auch die Routinearbeiten schneller von der Hand. Unterm Strich habe ich durch meinen kleinen Abstecher also Zeit und Energie gewonnen.

Lerne loszulassen, ohne deine Ziele aufzugeben.

- *Akzeptieren Sie, was ist*
  Dass wir in Stressphasen »enger« werden, ist normal. Doch Sie können dieses Empfinden verwandeln:

  Halten Sie kurz inne, achten Sie auf Ihren Atem und nehmen Sie wahr, was ist. Wo spüren Sie den Druck und die Angespanntheit – auf den Schultern, in der Magengrube, am Hals? Registrieren Sie, was Sie gerade spüren und lassen Sie alle Widerstände dagegen los. Es ist, wie es ist. Atmen Sie einfach weiter, entspannen Sie Schultern und Kiefer. So ein bewusst erlebter Augenblick kann Ihren Stresspegel deutlich senken.

- *Sorgen Sie gezielt für Stressabbau*
  Ein Mensch, der achtsam mit seinem Körper umgeht, sorgt nach stressigen Zeiten für Ausgleich. Auch – und gerade – wenn Sie sich müde und überfordert fühlen, brauchen Sie Bewegung, um all das Adrenalin und die negativen Energien abzubauen, die sich in der Turbohektik angesammelt haben. Mediziner und Sportpsychologen sind sich einig, dass der beste Ausgleich gegen Anspannung Ausdauersport ist, weil er die von Stress am stärksten belasteten Herz-Kreislauf-Gefäße trainiert. Wählen Sie aber bitte eine Ausdauersportart, die Ihnen zusagt, damit Sie langfristig dranbleiben können. Egal, ob Sie joggen, walken, schwimmen, Rad fahren oder lieber Ihre Runden auf dem Hometrainer absolvieren – dreimal pro Woche sollte Ihr Körper mindestens eine halbe Stunde lang ins Schwitzen geraten, wobei die Aufwärmphase nicht mitgerechnet ist. Wenn Sie sich an diese Faustregel halten, werden Sie

schon nach drei bis vier Wochen erleben, wie sich Ihre Herzfrequenz stabilisiert, der Blutdruck normalisiert wird, der Kopf frei wird. Auch Ihre Stimmung und Ihre Zuversicht werden steigen.

- *Finden Sie Ihren Weg zum Flow*
  Zu viel ist zu viel. Das gilt auch für Tätigkeiten, die wir mögen. Damit Ihr Hobby, Ihr kreatives Tun Sie wirklich glücklich macht, müssen Sie das richtige Maß kennen. Flow-Erfahrungen – jene Zustände also, in denen wir vollkommen in unserem Tun aufgehen und in denen unser Fühlen, Denken und Tun im Einklang sind, stellen sich zwar von alleine ein, aber nur unter bestimmten Voraussetzungen. Der berühmte Glücksforscher Mihaly Csikszentmihalyi, der sein ganzes Leben dem Erforschen des Glückszustands gewidmet hat, weiß, dass die glücklich machenden Endorphine nur ausgeschüttet werden, wenn wir die Herausforderung minimal höher ansetzen als unser Können. Die gestellte Aufgabe darf also weder zu leicht noch zu schwer sein, sie soll fordern, aber nicht überfordern, damit sich Erfolgserlebnisse einstellen. Und wenn Sie sich »Ihrer« Sache widmen: Schenken Sie ihr Ihre ganze Leidenschaft. Flow stellt sich übrigens nicht nur in der Freizeit ein. Es ist bewiesen, dass viele Menschen gerade während der Arbeit Flow-Erlebnisse haben.

Hören Sie auf, dauernd glücklich sein zu wollen

In den Medien findet zurzeit eine regelrechte Glücksepidemie statt. Kaum ein Lifestyle-Magazin, das nicht wenigstens mit einer Titelzeile glücklich machende Kicks, Glücksregeln oder Glücksrezepte verspricht. Diese Invasion von Glück wirkt nicht nur unglaubwürdig, sie entspricht auch nicht der Realität. Glück ist als Dauerzustand nicht möglich. Es lebt – wie jedes Gefühl – von seinem Gegenteil, und das sind Unglück, Schmerz und Traurigkeit. Hören Sie also auf, ständig nach dem ultimativen Glückserlebnis zu suchen. Meiden Sie lieber Dinge, die Sie unglücklich machen – zum Beispiel zu viel Konsum, ein randvoller Terminkalender, unerreichbare Ziele. Glück entsteht durch die Freude an sehr einfachen Dingen – und meistens kann man sie nicht kaufen.

- *Erkennen Sie, was Sie wirklich interessiert*
  Ich kenne einige Menschen, die nicht sagen können, wofür sie sich interessieren. Fragt man sie nach ihren Hobbys, geben sie Fernsehen an, Computerspielen, ins Kino gehen. Dabei ist es eine unabdingbare Voraussetzung für unser Lebensglück zu wissen, wohin es uns innerlich zieht. Wenn Sie noch nicht herausgefunden haben, wo Ihre Interessen liegen, empfehle ich Ihnen die folgende Übung. Sie ist sehr einfach und enorm effektiv – aber nur, wenn Sie konsequent dabei bleiben:

  Führen Sie genau sechs Wochen lang das Tagebuch Ihrer Aufmerksamkeit. Notieren Sie jeden Abend (!) vor dem Schlafengehen, was Sie an diesem Tag besonders fasziniert, gefesselt oder auch abgestoßen hat. Egal, ob Sie lange vor einer bestimmten Schaufensterauslage verweilten, beim Waldspaziergang einen Stein fanden, Ihnen ein Geruch in die Nase stieg, der Sie an eine Person oder an ein Ereignis aus Kindertagen erinnert hat – alles, was Ihre Aufmerksamkeit erregt oder ein Gefühl in Ihnen erzeugt hat, sollten Sie notieren. Auch ein Gespräch mit einer Nachbarin, die Sie lange nicht mehr gesehen haben, eine Schlagzeile in einer Zeitung sollten in Ihrem Tagebuch vorkommen. Und scheuen Sie sich nicht, auch negative Ereignisse einzutragen: Ihre Schuldgefühle, weil Sie beim Vorlesen des Gute-Nacht-Märchens für Ihr Kind nur halb bei der Sache waren – oder Ihre Wut auf sich selbst, dass Sie wieder mal nicht nein sagen konnten.

Nach sechs Wochen lesen Sie sich Ihre Aufzeichnungen durch und versuchen, einen roten Faden zu finden. An Ereignissen, die sich wiederholen, merken Sie sehr deutlich, was Sie interessiert und Ihnen ein gutes Gefühl verleiht – aber auch, was Sie negativ stimmt oder demotiviert. Sie erkennen dabei nicht nur, wobei, wo und mit wem Sie am glücklichsten sind, sondern auch, was Sie in Ihrem Leben meiden sollten, weil es Sie traurig oder wütend macht. Und last but not least erkennen Sie mit dieser Übung, wofür Sie sich wirklich interessieren: Die Dinge, die Ihre Aufmerksamkeit erregen, haben etwas mit Ihnen zu tun und können Ihnen wichtige Hinweise auf Lebensziele und Interessensgebiete geben, die Sie vielleicht noch gar nicht kennen.
Ich halte sehr viel von dieser Übung, weil ich weiß, dass sie – ernsthaft betrieben – zu enorm wichtigen, teilweise sogar lebensverändernden Selbsterkenntnissen verhelfen kann. Der berühmte amerikanische Autor Joseph Campbell ist auf diesem Wege auf sein großes schriftstellerisches Lebensthema, die Erforschung der Mythen, gestoßen.

Kein Gott urteilt,
ob wir unsere befristete Zeit
gut genutzt haben –
wir selbst sind unsere Richter.

Lassen Sie einfach los

Die Übung, mit der dieses Kapitel abschließt, gehört in den Bereich der Entspannungsmethoden. Entspannung gilt als Brücke zur Meditation, sie ist die Voraussetzung, um meditieren zu können. Aber sie hat auch für sich alleine eine Daseinsberechtigung, weil sie uns in einen Seinszustand führt, der Abstand vom Alltagsbewusstsein schafft. Immer, wenn Sie sich nicht in der Lage fühlen, die geistige Aufmerksamkeit zu erbringen, die in der

Meditation verlangt wird, empfehle ich Ihnen den Body-Scan. Auf Deutsch heißt das so viel wie »durch den Körper kämmen«. Bei der Übung kommt der »wilde Affengeist« – Sie erinnern sich – ganz automatisch zur Ruhe, denn die Aufmerksamkeit wird ganz in den Körper gelenkt. Sie durchwandern alle Bereiche Ihres Körpers, ohne an einer Stelle zu verweilen. Die Übung dauert zwischen 20 und 30 Minuten. Als geübter Meditierender können Sie den Body-Scan auch als Einstieg in eine anschließende Tiefenmeditation benutzen.

Der Body-Scan

Gehen Sie an Ihren gewohnten Meditationsplatz und legen Sie sich flach mit dem Rücken auf den Boden. Damit Sie sich wohl fühlen, sollte es angenehm warm sein. Eventuell decken Sie sich mit einer Decke zu. Nehmen Sie eine Liegeposition ein, bei der der Kopf nicht sehr viel höher als der Körper liegt, damit die Halswirbelsäule nicht geknickt ist. Wenn es Ihnen gut tut, legen Sie sich ein zusammengerolltes Handtuch unter die Knie. Wichtig ist, dass Sie sich in Ihrer gewählten Liegeposition rundum wohl und entspannt fühlen und die nächste halbe Stunde bewegungslos liegen können.

Schließen Sie nun bitte die Augen. Nehmen Sie die Geräusche in Ihrem Umfeld wahr und lassen Sie sie einfach durch Ihren Körper hindurchziehen. Die Töne kommen und gehen ohne Ihr Dazutun, und während dies geschieht, atmen Sie gleichmäßig ein und aus. Stellen Sie sich vor, dass Sie sich mit jedem Ausatmen tiefer in die Erde sinken lassen.

Richten Sie Ihre Aufmerksamkeit nach innen und spüren Sie, wie Ihr Körper immer breiter, weicher und schwerer wird und sich der Erde anvertraut. Tasten Sie ab, wo Ihr Körper auf dem Boden aufliegt. Gehen Sie im Geiste den Umrissen nach, die Ihr Körper auf der Unterlage hinterlässt. Registrieren Sie von Kopf bis Fuß alle Stellen, an denen Sie den Boden berühren – vom Hinterkopf über Schultern, Oberarme und Rücken bis hinunter zum Becken, den Ober- und Unterschenkeln. Nehmen Sie die Haltung Ihrer Hände wahr, selbst den Neigungswinkel Ihres Kopfes.

Nach dieser Vorrunde sind Sie mit Ihrer Aufmerksamkeit so weit in Ihrem Körper, dass Sie mit der eigentlichen Übung beginnen können.

Machen Sie zuvor noch eine kurze Momentaufnahme. Merken Sie sich, wie sie sich in diesem Moment in Ihrem Körper fühlen. Zum Ende der Übung werden Sie eine solche abschließende Aufnahme machen und die beiden Eindrücke miteinander vergleichen.

Gehen Sie nun in Gedanken an einen weißen Sandstrand an der Südsee und legen Sie sich in den wohlig warmen Sand. Spüren Sie, wie Ihr Körper sich in der Wärme ausbreitet, wie sich die Poren Ihrer Haut öffnen und alle Muskeln entspannen. In dieser wunderbar entspannten Situation wird Ihr Atem ganz natürlich und nimmt den ganzen Raum ein, der ihm gebührt.

Ihre Aufmerksamkeit richtet sich auf den rechten Fuß. Er fühlt sich warm und schwer an und Sie können spüren, wie er bis in die Spitzen Ihrer Zehen durchblutet ist. Wenn es Ihnen nicht gelingt, Ihren rechten Fuß zu spüren, stellen Sie sich einfach vor, wie er sich anfühlen könnte.

Fühlen Sie, wie sich das rechte Fußgelenk öffnet und spüren Sie weiter in Ihr rechtes Bein hinein. Wo berührt der Unterschenkel den Boden, wo der Oberschenkel? Alle Gelenke des rechten Beines sind nun geöffnet. Das Fußgelenk, das Knie, die Hüfte. Das gesamte rechte Bein liegt mit seinem ganzen Gewicht auf dem Boden – es überlässt sich vollkommen der Erdanziehungskraft. Mit dem rechten Hüftgelenk öffnet sich auch Ihre Leistengegend, wird schwer und warm.

Nun geht Ihre Aufmerksamkeit in den linken Fuß. Fühlen Sie auch hier nach, wo und wie die Ferse auf dem Boden aufliegt und durchwandern Sie den linken Fuß. Spüren Sie die einzel-

nen Zehen, die Fußsohle, fühlen Sie, wie gut alles durchblutet ist und wie warm Ihr Fuß ist. Auch das linke Fußgelenk öffnet sich nun und Ihre Aufmerksamkeit wandert durch es hindurch und hoch bis zum Unterschenkel, dann zum Oberschenkel. Auch hier spüren Sie nach, wie Unter- und Oberschenkel auf der Unterlage aufliegen und wie sich zuerst das Knie-, dann das Hüftgelenk öffnen. Während Sie nachspüren, wie warm und wohlig sich das gesamte linke Bein anfühlt und wie es immer schwerer und weicher wird, öffnet sich die Gegend um die linke Leiste.
Ihr Becken ruht wie eine Schale auf dem Boden. Der gesamte Unterleib wird weich und lässt auch den Raum in der Leiste noch weiter und weicher werden, sodass Ihre Unterleibsorgane sich ausdehnen können. Ihre Bauchdecke hebt und senkt sich weich mit dem Auf und Ab Ihres Atems, und im gleichen Rhythmus hebt und senkt sich auch Ihr Zwerchfell.
Wenn Sie in einem Bereich Ihres Körpers Schmerzen oder Unwohlsein spüren, geben Sie der Empfindung keine Bedeutung. Erkunden Sie nun als nächstes den unteren Rücken. Spüren Sie, an welcher Stelle die Lendenwirbelsäule den Boden berührt? Wie breit liegt Ihr Becken auf dem Boden auf? Mit Ihren Gedanken wandern Sie nun langsam Wirbel um Wirbel an der Wirbelsäule entlang nach oben bis in die Brustwirbel. Spüren Sie, wo Ihr Rücken und wie die beiden Schulterblätter aufliegen. Erlauben Sie Ihren Schultern, noch schwerer und breiter auf dem Boden zu liegen. Spüren Sie beim Ein- und Ausatmen intensiv in den Rippenraum hinein, der sich hebt und senkt, wenn Sie atmen. Verfolgen Sie nun den Weg des Ein- und Ausatmens durch Ihren ganzen Körper. Lenken Sie Ihre Aufmerksamkeit zunächst auf die Nasenlöcher und gehen Sie mit dem Strom des Einatmens mit – über Nase, Rachen, Luftröhre bis in die Bronchien, die Lunge und den Bauch. Wo spüren Sie die Atembewegung besonders deutlich?
Verweilen Sie nicht bei angenehmen und nicht bei unangeneh-

men Empfindungen, machen Sie einfach weiter mit Ihrem Durchgang durch den Körper. Als nächstes ist nun Ihr rechter Arm an der Reihe. Spüren Sie genau hin, wo der Unterarm und wo der Oberarm aufliegen, ebenso die rechte Hand. Spüren Sie, wie alle Finger bis in die Spitzen hinein wohlig durchblutet sind und gehen Sie jeden einzelnen Finger mit liebevoller Aufmerksamkeit durch. Den kleinen, den Ringfinger, Mittelfinger, Zeigefinger und Daumen. Lassen Sie nun zu, dass das Handgelenk und das Gelenk Ihres Ellenbogens sich weiten.
Wechseln Sie nun zum linken Arm, der schwer und weich aufliegt. Wo spüren Sie Bodenkontakt an der Hand, wo am Unter- und wo am Oberarm? Auch hier durchkämmen Sie die einzelnen Finger mit Ihrer Aufmerksamkeit, lassen die Gelenke weit werden und spüren, wie nach und nach alles loslässt.
Nun wandern Sie hoch zu Ihrem Kopf und spüren hinein, wie er auf dem Kissen liegt. Hat der Nacken Kontakt zur Unterlage, und wie breit fühlen Sie Ihren Hals? Spüren Sie auch den Bereich Ihres Schädelrandes, und wandern Sie dann nach vorne in Ihr Gesicht. Kopfhaut, Stirn, die Muskeln rund um die Augenhöhle. Spüren Sie auch, ob Ihre Schläfen entspannt und weich sind und lassen Sie den ganzen Kiefer sinken. Die Lippen können sich dabei ruhig ein wenig öffnen, die Zunge liegt weich und breit im Mund, die Spitze hinter den oberen Schneidezähnen.
Schenken Sie nun Ihre Aufmerksamkeit Ihrem gesamten Körper und spüren Sie von Kopf bis Fuß alle Bereiche, durch die Sie gewandert sind, auf einmal. Beine und Arme hängen weich herab, der Rumpf ist schwer und weich und ganz und gar der Schwere der Erde hingegeben. Ihr ganzer Körper ist vollkommen gelöst.

Der nächste Durchgang durch Ihren Körper verläuft in umgekehrter Reihenfolge. Da Ihre Spürfähigkeit sich von alleine vergrößert hat, müssen wir nicht mehr so lange bei jedem einzelnen Körperteil verweilen. Wir erlauben uns, etwas schneller vorzugehen. Spüren Sie nochmals den gesamten Kopfraum und lassen Sie Kiefer und den Rand Ihres Schädels los, wo er in die Halswirbelsäule übergeht. Registrieren Sie, wie die beiden Schulterblätter aufliegen, wie der rechte Unter- und Oberarm aufliegt, wie der linke Unter- und Oberarm aufliegt. Verfolgen Sie nun mit Ihren Gedanken die einzelnen Wirbel. Beginnen Sie im Nacken und wandern Sie über die Brustwirbel weiter nach unten bis zur Lendenwirbelsäule. Das Kreuzbein drückt auf den Boden und das Steißbein hängt tief durch, der ganze Unterleib wird weich und dehnt sich aus.

Gehen Sie nun, ohne irgendwo anzuhalten, zur Vorderseite Ihres Körpers und spüren Sie die Bewegung Ihrer Rippen beim Ein- und Ausatmen, ebenso den Brustkorb, das Zwerchfell. Der Bauch und die Leistengegend öffnen sich, werden weit.

Aus der linken Hüfte hängt das linke Bein heraus, das Sie nun mit Ihrer Aufmerksamkeit durchwandern. Oberschenkel, Unterschenkel, linke Ferse, Zehen, alles wohlig durchpulst vom warmen Strom Ihres Blutes.

Nun das rechte Hüftgelenk und das rechte Bein, das mit Ober- und Unterschenkel aufliegt und dessen Ferse den Boden berührt. Spüren Sie die einzelnen Zehen?

Erneut schenken Sie nun dem ganzen Körper Ihre Aufmerksamkeit. Vom Kopf bis in die Zehen spüren Sie Ihre Lebendigkeit und freuen sich daran, dass alle Organe von ganz alleine funktionieren ohne dass Sie sich Gedanken darum machen müssten.

Danken Sie Ihrem Körper, dass Sie in ihm wohnen dürfen und ruhen Sie sich ganz entspannt auf den Wellen Ihres Atems aus. Stellen Sie sich vor, dass Sie wie in einem kleinen Boot im Auf und Ab des Atemflusses hin- und herschaukeln. Überlassen Sie sich voller Vertrauen dem Kommen und Gehen, dem Rhythmus Ihres Lebens.

Zum Schluss machen Sie nun noch einmal eine Momentaufnahme. Wie fühlen Sie sich jetzt? Gibt es eine Stelle, an der Sie beim Durchkämmen hängen geblieben sind oder die Ihnen irgendwie aufgefallen ist? Vergleichen Sie Ihre innere Aufnahme mit der, die Sie zu Beginn der Übung gemacht haben. Genießen Sie den Unterschied und seien Sie sich bewusst, dass Sie sehr tief entspannt sind.
Zum Zurückkommen räkeln Sie sich genüsslich, strecken Sie die Gliedmaßen. Wackeln Sie mit den Zehen und bewegen Sie die Finger und öffnen Sie die Augen erst, wenn Sie ganz wieder da sind.

Kapitel 8
Zur richtigen Zeit am richtigen Ort

Bewusst wahrgenommene Zufälle und das Gefühl der Verbundenheit sind die Glücksdrogen des Universums. Unter ihrem Einfluss brauchen wir uns nie mehr zu fragen, ob wir etwas richtig machen. Es gibt nichts Falsches!

Die Belohnung vom lieben Gott

Jeder von uns kennt die Tage, an denen alles wie am Schnürchen läuft. Beim Autofahren durch die Stadt schaltet eine Ampel nach der anderen auf grün, zufällig wird direkt vor dem Haus ein Parkplatz frei – und meist kommt dann noch der entscheidende Anruf, auf den man wochenlang gewartet hat. »Heute habe ich eine Glückssträhne!«, sagen viele. Ich habe aufgehört, an Zufälle zu glauben. Deshalb frage ich mich an solchen Tagen lieber, was ich richtig gemacht habe.

Es muss einen Grund geben, wenn alles sich nahtlos ineinander verzahnt, denn glückliche Fügungen fallen nicht einfach vom Himmel. Sie folgen bestimmten Gesetzmäßigkeiten, die wir halt nur nicht durchschauen. Eines ist jedoch klar: Wenn in Ihrem Leben alles glatt läuft, dürfen Sie davon ausgehen, dass sich in Ihrem Inneren positive Prozesse abspielen. Dem Prinzip »wie innen, so außen« folgend sind die so genannten glücklichen Zufälle die Antwort auf eine entsprechende innere Entwicklung. Freuen Sie sich! Irgendetwas haben Sie gerade gut gemacht.

Das Leben, die Schöpfung, das Universum – wie auch immer wir die höhere Instanz nennen, gibt uns Zeichen der Zustimmung, wenn unser Verhalten im Einklang mit unserer inneren Natur ist. Dieses »Ja« aus dem Himmel nennt sich Synchronizität.

Synchron bedeutet so viel wie gleichzeitig oder – in zeitlicher Übereinstimmung. Die Definition besagt, dass es sich bei Synchronizität um ein bedeutungsvolles Zusammentreffen innerer und äußerer Geschehnisse handelt. Wie durch Zufall befinden wir uns zur richtigen Zeit an einem Ort, an dem uns etwas Wichtiges zugespielt wird.

Erlebnisse der Synchronizität scheinen tatsächlich eine Art Belohnung vom lieben Gott zu sein. Wir befinden uns genau da, wo das Universum sein Füllhorn ausschüttet und halten im richtigen Moment die Schürze auf. Oder wir sitzen in der ersten Reihe, wenn die Preise verteilt werden und schreien im richtigen Augenblick »Hier!«.

Es versteht sich von selbst, dass die ganz »großen« Fügungen – wie Liebe auf den ersten Blick oder der Lottogewinn relativ selten vorkommen.
Dafür gibt es aber eine Menge Beispiele für »kleinere« Synchronizitäten. Sie ereignen sich tagtäglich, ohne dass sie uns bewusst sind. Sie kennen solche Vorfälle ganz sicher aus Ihrem eigenen Leben:

- Sie wollen einen Freund anrufen, der Ihnen unerwartet zuvorkommt.
- Sie sind verspätet zu einem Termin unterwegs, da ruft die Person, die Sie treffen wollen, Sie an und teilt Ihnen mit, dass sie sich verspäten wird. So kommen Sie beide genau rechtzeitig an.
- Sie benötigen eine größere Summe Geld für eine wichtige Sache. Da meldet sich plötzlich ein alter Freund und zahlt Ihnen genau diesen Betrag zurück, den Sie ihm vor Jahren einmal geliehen haben. Oder Sie bekommen den Betrag überraschend vom Finanzamt rückerstattet.
- Sie stellen sich an einer Kasse an. Genau in dem Moment löst sich die Warteschlange auf, und Sie sind sofort dran.
- Sie suchen verzweifelt nach einer bestimmten Information. Während Sie beim Friseur eine Zeitung durchblättern, stoßen Sie auf einen Beitrag zu dem Thema.
- Sie laufen an einem weit entfernten, völlig abgelegenen Ort einem alten Freund in die Arme, den Sie dort nie vermutet hätten.

- Sie haben etwas verloren, das auf unerwartete und ungewöhnliche Weise wieder zu Ihnen zurückkommt.
- Sie kommen genau zum richtigen Zeitpunkt an einen Ort, wo jemand in Not ist und können ihm das Leben retten. Oder Ihnen kommt in einer Notsituation jemand unerwartet zu Hilfe.
- Ihnen wird völlig unerwartet die Teilnahme an einem Projekt vereitelt. Anschließend hören Sie, dass die Sache total schief gelaufen ist.
- Sie sind gerade mit einer Frage beschäftigt, die plötzlich im Radio beantwortet wird, noch bevor Sie sie laut äußern konnten.
- Sie bekommen eine neu eingeschlagene Richtung ganz zufällig vom Leben bestätigt.

Wenn Sie Ihr Leben rückblickend einmal auf synchrone Ereignisse durchforsten, fallen Ihnen bestimmt noch mehr solcher Situationen ein. Und nun zu der Frage, die viele in diesem Zusammenhang bewegt: Wäre es nicht möglich, diese »Zufälle« ein bisschen zu steuern?
Ich werde mich hüten, Ihnen Versprechungen zu machen. Synchronizität ist ein Naturprinzip, das wir nicht beeinflussen können. Es geschieht von alleine, wird uns völlig unverhofft zuteil. Trotzdem gibt es ein Rädchen, an dem wir drehen können, damit uns mehr von diesen Geschenken des Lebens erreichen. Es ist gar nicht so schwer: Wir müssen an unserer Bewusstheit »drehen«. Genauer gesagt, geht es um unsere Fähigkeit, Synchronizität zu erkennen. Der Zustand der Synchronizität findet nämlich immer und überall statt, nur merken wir es nicht, weil wir innerlich nicht darauf eingestimmt sind. Wir sehen die Zeichen nicht, weil es uns an der inneren Aufgeräumtheit fehlt. Damit liegt das Rezept bereits auf der Hand: Kommen Sie mit all Ihren Sinnen in die Gegenwart, schärfen Sie Ihre Wahrnehmung und voilà: Die Zeichen werden für Sie sichtbar.

Menschen mit gut entwickeltem Augenblick-Bewusstsein fällt es leichter als anderen, Synchronizitäten wahrzunehmen. Achtsamkeit ist eine geradezu optimale Methode, um ein Gefühl für Zusammenhänge zu schulen und das Große und Ganze im Auge zu behalten. Mit dieser Sichtweise wird es immer leichter für uns, die so genannten Überraschungen so einzuordnen, dass sie einen Sinn ergeben.

Um Synchronizität zu erkennen, braucht es drei Voraussetzungen:

- *Wir müssen in der Lage sein, das unwahrscheinliche, aber sinnvolle Zusammentreffen eines sich innerlich abspielenden Prozesses mit einem äußeren Geschehen zu bemerken.*
- *Wir müssen das Ereignis seiner Wichtigkeit entsprechend einordnen und*
- *das Geschehen vom Standpunkt des eigenen Lebens aus interpretieren.*

Erkennen Sie die Zeichen

Synchronizität ist also weder objektiv feststellbar noch ist sie messbar. Ich möchte Ihnen dazu eine kleine Begebenheit aus meinem eigenen Leben erzählen. Während ich dieses Kapitel schrieb, bekam ich einen Anruf. Es war eine Meditationsschülerin, die länger nicht mehr da gewesen war. Sie erzählte mir, dass sie inzwischen eine Krebsoperation hinter sich habe, doch jetzt sei der Tumor wieder aufgetaucht. Nun fragte sie mich um Rat. Sie hatte das Gefühl, sie müsse etwas für ihre Seele tun. Ich musste nicht lange überlegen. Mir kam sofort eine spezielle Imaginationsmethode für Krebspatienten in den Sinn, bei der man Fantasiereisen ins Innere des Körpers unternimmt. Über die Methode hatte ich vor Jahren einmal für einen Artikel recherchiert und zu diesem Zweck den Erfinder, einen amerikanischen Krebsarzt namens Carl Simonton, sogar interviewt. Ich erinnere mich noch sehr gut, wie beeindruckt ich von dem Mann und seiner Arbeit war. Da ich von der Frau wusste, dass sie gut innere Bilder entwickeln konnte, schien sie mir für die Methode gut geeignet. Ich nannte ihr den besten Therapeuten, der die Methode in Bayern lehrt. Als die Frau am nächsten Tag in dem Zentrum anrief, bekam sie den Therapeuten sofort ans Telefon. Es stellte sich heraus, dass zufällig am gleichen Tag einer der Kurse anfing, um die Methode zu lernen. Er findet nur zweimal im Jahr statt und ist lange im voraus ausgebucht. Diesmal war aber noch genau ein Platz frei.

Ein so augenscheinliches zeitgleiches Zusammenwirken von inneren und äußeren Umständen ist noch relativ leicht auszumachen. Schwieriger wird es jedoch, wenn es sich um subtilere Vorfälle handelt. Da kann es Tage oder Wochen dauern, bis wir sie erkennen. In Zeiten, in denen wir in Gedanken versunken oder emotional belastet sind, fällt uns so ein geheimnisvolles Zusammentreffen gar nicht auf oder wir bemerken es erst, wenn wir eine Situation im Nachhinein analysieren. Nehmen wir einmal an, Sie haben sich gerade mit jemandem gestritten oder über etwas geärgert. Verdrossen gehen Sie Ihres Weges und übersehen dabei ganz den alten Schulfreund, der auf der anderen Straßenseite an Ihnen vorbei läuft. Er hätte Ihnen vielleicht einen entscheidenden Kontakt ermöglichen können, aber Sie haben die Chance verpasst.

Ein anderes Beispiel: Sie sind unterwegs zu einem Termin und spät dran. Gerade da läuft Ihnen besagter Schulfreund über den Weg. Da Sie innerlich angespannt sind, haben Sie nicht die Nerven, ihn angemessen zu begrüßen. Auch kommt es weder zu dem entscheidenden Gespräch, noch haben Sie die Ruhe, über den tieferen Sinn der Begegnung nachzudenken.

Holen Sie sich die Energie-Bonbons des Universums

Ganz anders sind Sie mit der richtigen Portion Augenblick-Bewusstsein eingestimmt. Nehmen wir einmal an, Ihr Geist ist klar und aufnahmebereit, Ihre Sinne sind wach und Sie leben ganz im Hier und Jetzt. Nichts trübt oder beeinträchtigt Ihr Bewusstsein. Offen in die Welt schauend, gehen Sie also frohgemut eine Straße entlang. Da sehen Sie schon von weitem einen alten Schulfreund auf sich zukommen. Eigentlich können Sie sich gar nicht vorstellen, dass er es ist, er wohnt seit Jahren in einem ganz anderen Land. Aber Sie haben sich nicht getäuscht: »Du hier? Das gibt es doch nicht!«, sagen Sie, während Sie freudestrahlend auf Ihren Freund zugehen. Gleichzeitig fühlen Sie sich seltsam berührt: Ausgerechnet heute Morgen haben Sie mit Ihrem Partner über ihn geredet. Was für ein eigenartiges Zusammenspiel! Während Sie nun mit Ihrem Freund sprechen, suchen Sie nach dem Sinn Ihrer Begegnung. Sie überlegen zum Beispiel, was Sie aus dem Zusammentreffen lernen können. Oder Sie verbinden die Begegnung mit anderen ähnlichen Vorkommnissen: »Du bist jetzt der vierte. In den letzten Wochen haben sich drei Bekannte aus alten Zeiten bei mir gemeldet. So etwas passiert doch nicht umsonst ...« Das ist das Schöne an solchen bewusst wahrgenommenen Zufällen: Sie lenken unsere Aufmerksamkeit auf eine Sache, die wir sonst vielleicht übersehen hätten.

Die Gunst des Augenblicks nutzen

Ich nehme an, dass Sie sich inzwischen brennend dafür interessieren, wie Sie Erlebnisse der Synchronizität in Ihr Leben einladen können. Nun haben wir ja bereits festgestellt, dass wir uns mental darauf einstimmen müssen – aber was genau gilt es zu tun?

Die Antwort lautet: Nichts! Oder fast nichts. Bemühen Sie sich, so gut und so oft wie möglich gedanklich im Jetzt zu sein, damit sind Sie automatisch heiter und leicht gestimmt. Der Rest kommt von selbst. Am besten, Sie lassen ihn mit aller Ihnen verfügbaren Gelassenheit auf sich zukommen. Geschieht nichts, ist das richtig so. Sollte allerdings eine spontane Idee Sie anfliegen, folgen Sie ihr unbedingt. Es könnte sein, dass das Leben Sie auf eine Spur bringen möchte.

Es gibt keine Zufälle.
Zufälle sind Gottes Art,
unerkannt zu wirken.

Durch bewusstes Nichts-Tun, das ich bereits im vierten Kapitel erläutert habe, lernen Sie, sich vom Leben überraschen zu lassen. Sie nehmen jeden Moment so an, wie er ist – ganz ohne etwas zu provozieren oder zu erzwingen. Wenn dann etwas Ihre Aufmerksamkeit erregt, erlauben Sie sich, der Sache spontan nachzugehen. Nach dem Prinzip »Energie folgt der Aufmerksamkeit« müssen Sie sich dann nur noch führen lassen. Sich überraschen zu lassen heißt, sich spontan für Ereignisse zu öffnen, die sozusagen am Wegesrand liegen.
Keine ganz einfache Übung für Menschen, die gewohnt sind, im Alltag nur ihren Gewohnheiten zu folgen. Leider sind die meisten von uns so in der Routine gefangen, dass sie die Chancen zu spontanen Reaktionen gar nicht mehr wahrnehmen.
Wie viel wir dabei verpassen, zeigen die beiden folgenden Beispiele:
Sie sind mit dem Auto zu einem Geschäftstermin unterwegs. Nach einem heftigen Regenschauer scheint gerade mehr aus Versehen die Sonne. Sie überlegen kurz, ob Sie anhalten sollen. Sie hätten noch Zeit für einen kleinen Spaziergang. Aber es ist Ihnen zu umständlich, die Schuhe zu wechseln und Sie verschieben den Spaziergang auf die Rückfahrt. Während der Heimfahrt regnet es jedoch schon wieder. Wären Sie doch Ihrer spontanen

Eingebung gefolgt. Wer weiß, vielleicht wäre Ihnen ein wichtiger Gedanke gekommen, Sie hätten sich an etwas erinnert oder einfach nur ein schönes Erlebnis gehabt.
Das zweite Beispiel: Während einer Bergwanderung ist plötzlich der ganze Himmel in ein Sonnenuntergangsrosa getaucht. »Wow« sagen Sie und gehen schnell weiter zu einer Stelle, wo Sie die Szene als Rundum-Panorama genießen können. An der Lichtung angekommen, stellen Sie enttäuscht fest, dass sich Wolken vor die Sonne geschoben und den Himmel in fades Grau verwandelt haben. Hätten Sie gleich angehalten, wären Sie Zeuge eines fantastischen Naturschauspiels geworden.

Manchmal genügt ein kurzer Augenblick,
um die Wunder der Natur zu begreifen
(Angelika Mack)

Das Glück liegt in der Wiese

Ich habe nie behauptet, dass es einfach sei, sich den Augenblicken des Lebens hinzugeben, Spontaneität zu üben, Synchronizität zu erkennen. Trotzdem hoffe ich, Sie zu inspirieren, diesen Weg zu gehen – ganz einfach, weil er sich lohnt. Synchronizitäten verbinden uns auf geheimnisvolle Weise mit dem Universum. Wenn sie wirken, fühlen wir uns von Kräften berührt, die wir nur vage verstehen. Gleichzeitig spüren wir die Gewissheit, dass hinter allem, was wir wahrnehmen, eine Ordnung ist. In jedem Zufall liegt ein Sinn, und synchrone Ereignisse helfen uns, ihn zu sehen. Aus diesem Grund bezeichne ich Synchronizitäten manchmal als »energetischen Nachhilfeunterricht des Universums«. Wann sonst bekommen wir so deutlich gezeigt, dass wir ein Teil des Ganzen sind?

Wenn du dich voller Leidenschaft der Kraft der Liebe hingibst, dann erfüllt dich dieselbe Energie, welche Meere und Sterne erschaffen hat. Dann kommt Magie in dein Leben. Zeichen werden sichtbar, die dir signalisieren, dass du auf dem richtigen Weg bist.

Erkennen Sie Ihre Verbundenheit

Ein Mensch, der sich der Achtsamkeit verschrieben hat, nimmt sich im Lauf der Zeit immer öfter als Wesen wahr, das mit der Schöpfung verbunden ist. Ich werde nie diese laue Sommernacht vergessen, als ich auf einer Bergalm draußen im Schlafsack übernachtete. Am Himmel funkelten die Sterne und ich lauschte einem Mann, der gerade seinen beiden Söhnen ehrfurchtsvoll das Prinzip der Verbundenheit erklärte. »Schaut nur, die Sterne, sie sind Millionen von Kilometern entfernt – so groß ist dieses Universum. Und wie klein sind wir dagegen. Aber wir müssen deswegen keine Angst haben, der liebe Gott hat uns allen einen Platz gegeben. Die Sterne passen auf uns auf, die Großen beschützen die Kleinen, denn wir gehören alle zusammen.«
So ist es. Doch leider vergessen wir es allzu schnell. Wir sind so damit beschäftigt, uns unserer Sicherheit und der Steigerung von Lebensqualität zu widmen, dass wir weder Muße noch Zeit haben, unsere Wahrnehmung auf die Wunder der Natur zu richten. Wenn unser Blick beim Gehen auf ein Blümchen fällt, denken wir: »Kenne ich. Heißt, soundso, gehört zur Familie der Lippenblütler.« Abgespeichert, abgehakt. Wir kommen gar nicht auf die Idee, dass so eine kleine Blume uns mit ihrer Schönheit verzaubern und unsere Stimmung verändern könnte. Wir sind immer verbunden mit der Welt um uns herum, ob wir es merken oder nicht. Unsere innere Natur ist ein Teil der äußeren Natur. Je mehr wir uns dessen bewusst werden, desto besser geht es uns.

Gefühle wie Angst, Zweifel, Schuld und all die anderen Emotionen, die uns an die Vergangenheit oder an die Zukunft binden, sind im Zustand der Verbundenheit gar nicht möglich, denn dann sind wir mit allen Sinnen in der Gegenwart. Mit der Natur verbunden werden wir wieder natürlich, empfinden Freude, können lachen und Vertrauen entwickeln.
Stellen Sie sich einmal auf eine blühende Bergwiese. Vertiefen Sie sich in die Vielfalt der Blumen und Kräuter, lauschen Sie dem Summen der Hummeln, riechen Sie den Blütenduft, der in der Luft liegt, spüren Sie den leichten Wind auf Ihrer Haut und freuen Sie sich: Sie sind ein Teil dieser großartigen Schöpfung.

Im Gefühl der Verbundenheit erleben wir Augenblick-Bewusstsein in seiner höchsten Form. Treffen beide zusammen, entsteht ein Glücksgefühl, das mit keinem anderen vergleichbar ist.

Sobald in Ihnen jedoch wieder Gefühle wie Angst, Frust, Schuld oder Scham auftauchen, können Sie davon ausgehen, dass Sie das Wissen um Ihre Verbundenheit schon wieder vergessen haben. Angst, Wut und Zweifel entstehen nur, wenn wir uns als Wesen erleben, die von den anderen getrennt sind.
Wenn ein Afrikaner, ein Eskimo und ein Chinese an Ihrem Tisch sitzen, haben Sie zwei Möglichkeiten. Sie können sehen, was Sie alle voneinander trennt oder Sie können sehen, was Sie verbindet. Was trennt, ist die Kultur, die Hautfarbe, das Aussehen, die Sprache. Was verbindet, ist das, was alle Menschen verbindet: Das Bedürfnis nach Liebe, nach Anerkennung, nach einer Heimat, nach Zugehörigkeit, nach Liebe und Geborgenheit. Welche der beiden Sichtweisen macht wohl glücklicher?
Stellen Sie sich vor, Sie sind gezwungen, mit einem Kollegen auf engstem Raum zusammenzuarbeiten, mit den Sie wenig gemein haben. Er ernährt sich von Pizza und Fast Food, Sie achten auf gesunde Ernährung, er steht auf Hard Rock, Sie lieben klassische

Musik, er trägt sportliche Kleidung, Sie kleiden sich dezent und zeitlos. Auch hier können Sie entweder Ihre Aufmerksamkeit darauf richten, wie anders Ihr Kollege doch ist. Oder Sie können zu dem Schluss kommen, dass er letztlich das gleiche Interesse hat wie Sie. Auch er will eine möglichst reibungslose Kommunikation, eine konstruktive Zusammenarbeit, Erfolg und Anerkennung – genau wie Sie.

> *Das Prinzip der Verbundenheit zu leben ist der einfachste Weg, aus dem Herzen heraus glücklich zu sein.*

Jeder von uns kann in jedem Augenblick die Idee, von anderen Menschen getrennt oder abgespalten zu sein, aus seinem Leben verbannen. Wenn es Ihnen schlecht geht, Sie sich verletzt, gekränkt oder deprimiert fühlen, machen Sie sich klar, dass Sie Ihre Anbindung verloren haben. Gehen Sie in die Natur und freuen Sie sich an der Vielfalt einer Wiese, eines Waldes. Schauen Sie die Rinde eines Baumes an, die Formen der Steine, die unterschiedlichen Insekten. Schauen Sie sich eine einzelne Blume an und die Komposition aller Blumen als Kunstwerk. Naturverbundenheit ist der beste Weg, die Verbindung der eigenen Seele mit der Weltenseele zu spüren. Werden Sie zu einem Kind, das die Welt staunend und voller Freude betrachtet. Kinder wissen noch, dass sich nicht nur die Menschen, sondern auch die Blumen, Tiere und Steine an sich selbst erfreuen.

Die Geschichte der magischen Menschen

Ich habe vor kurzem in dem neuen Buch des geistigen Mediums Harald Wessbecher (»Das Magische Selbst befreien«) geblättert, in dem er von den magischen Menschen erzählt. Diese Geschichte hat mich so fasziniert, dass ich sie Ihnen hier wiedergeben möchte:

»In alter Zeit, vor vielen Tausenden von Jahren, lange vor Beginn unserer geschichtlichen Überlieferung, in einer Zeit, die nur in Mythen und Legenden alter Völker und in der schamanischen Tradition beschrieben wird, gab es Menschen, die in einer magischen Wirklichkeit lebten, wo sie eins mit ihrem magischen Selbst waren und über Fähigkeiten verfügten, von denen wir nicht einmal zu träumen wagen.
Die Art und Weise, wie diese magischen Menschen die Wirklichkeit wahrnahmen, hat nichts mit unserem Wirklichkeitsverständnis gemein. Sie gestalteten ihr Leben nach ganz anderen Gesetzmäßigkeiten als wir, sie hatten andere Werte und Ziele, aber vor allem hatten sie ein inniges und vertrautes Verhältnis zum Ursprung allen Seins.«
Die magischen Menschen, von denen die Rede ist, werden manchmal als Bewohner von Atlantis beschrieben, manchmal als die Einwohner von Shambala – auf jeden Fall waren sie vollkommen mit der Schöpfung verbunden. Sie fühlten sich von ihrer tiefen Gottesbeziehung getragen und geführt. In vollem Vertrauen in die unendliche Kraft wussten sie, dass – wo immer das große Sein sie hinträgt, es gut und richtig ist.

Wie immer das große Sein mein Leben ordnet, es ist in Ordnung, was immer es mir an Gedanken, Gefühlen und Erkenntnissen vermittelt, ist in Ordnung.

Die magischen Menschen nahmen ihr Schicksal in Liebe und Freude an und hatten teil am »Tanz der Schöpfung«. Wenn einer von ihnen am Morgen mit dem Impuls die Augen aufschlug, drei Tage lang in Richtung Westen zu gehen, machte er sich unverzüglich auf den Weg. Er fragte nicht, warum er ging und was ihn wohl erwartete, sondern er ging einfach. Genau in dem Augenblick, als er am Ziel war, wurde ihm klar, was er zu tun hatte. Dieser Aufgabe widmete er sich mit all seiner Kraft. Zu keiner Sekunde stand die Frage im Raum, ob die Aufgabe auch an einem anderen Ort möglich gewesen wäre oder ob ein anderer Mensch diese Arbeit vielleicht hätte besser machen können, ob er selbst sie richtig oder falsch ausführte. Zweifel oder Zaghaftigkeit gab es nicht in dieser magischen Zeit. Der Mensch ging auf ein Ziel zu, zu dem es ihn hinzog, er tat, wozu er sich veranlasst fühlte, weil er einer höheren Absicht folgte. Er versuchte nicht zu verstehen, denn er wusste, es ging in diesem Augenblick nur um diese Aufgabe.

Ich brauche wohl nicht eigens zu erwähnen, dass die magischen Menschen von damals vollkommen in der Gegenwart lebten. Leichten Herzens und mit großem Vertrauen gesegnet, waren sie jederzeit für die Wunder des Lebens offen. Sie vertrauten sich dem Leben an und wären niemals auf die Idee gekommen, dass ihr Leben leer und bedeutungslos sein könnte. Das Leben war für sie ein pures Abenteuer. In jedem Augenblick freuten sie sich an der Natur, an der Schöpfung. Sie kommunizierten mit den Pflanzen, verbanden ihre Energie mit der Energie der Pflanze und erlebten, wie sich dadurch beide Energien veränderten. Sie erfuhren, wie alles sich ständig verändert, kannten keine Routine und keine Gewohnheiten, denn sie waren selbst im Fluss des ständigen Wandels. Nein, nicht einmal ein festes Selbstbild hatten sie, weil sie sich täglich mit neuen Energien austauschten und täglich anders waren. Da gab es kein »Ich bin so und so, und das soll so bleiben!« Da wurde auch nichts definiert oder groß nachgedacht, wie etwas sein sollte. Es war, wie es war. Die magischen Menschen tauschten sich mit allem aus, und das alles taten sie aus Freude an der Vielfalt ihrer Möglichkeiten. Ihr Lebenssinn bestand darin, sich dem Leben hinzugeben und einfach lebendig zu sein.

Hätten Sie gerne in dieser paradiesischen Welt gelebt? Ganz frei von der Angst vor Veränderung, stets verbunden mit allem um sich herum, voller Vertrauen in die Zukunft und das Leben? Ich finde, wir sollten versuchen, uns dem Weltbild der magischen Menschen wieder etwas anzunähern. Es bringt nicht nur

enorme Freude hervor, es lässt auch alle Ängste schmelzen wie Schnee in der warmen Frühlingssonne.
Um einen kleinen Geschmack der Verbundenheit in Ihren Alltag zu zaubern, lade ich Sie nun zu einer besinnlichen Übung ein:

Mit allem verbunden
Machen Sie es sich in einem Sessel oder auf Ihrem Sofa bequem. Atmen Sie einige Male bewusst tief ein und aus, und kommen Sie mit Ihren Gedanken ganz in den Augenblick. Schauen Sie sich nun in Ihrem Zimmer um. Schauen Sie sich die Möbel an, den Boden, den Teppich, die Bilder, die an der Wand hängen, die Kerze, die vielleicht vor Ihnen steht. Schauen Sie auch an, welche Kleider Sie gerade tragen und registrieren Sie all die großen und kleinen Dinge, die sich um Sie herum befinden.
Versuchen Sie nun, sich zu erinnern, wo Sie die Möbel und Kleider gekauft haben oder wer Ihnen etwas geschenkt hat. Mit diesen Menschen sind Sie über die Möbel und die anderen Gegenstände verbunden. Sie können all die Sachen benutzen, weil irgend jemand auf der Welt sie hergestellt hat. Denken Sie nun an all die Menschen, mit denen Sie indirekt durch die Dinge, die Ihnen das Leben jeden Tag erleichtern, verbunden sind. Die Handwerker und Techniker, die Schlosser und Möbelbauer, auch die Fabrikarbeiter, die dafür am Fließband standen, die Frauen und Kinder, die an den Webstühlen die Teppiche knüpften.
Denken Sie auch an die Bücher, die jemand geschrieben hat und die nun in Ihrem Regal stehen. Denken Sie an die Musik, die jemand komponiert hat, damit Sie sie auf Ihren CDs hören können. Denken Sie an die Kunst und die Künstler, die daran gearbeitet haben und an all die Erinnerungsstücke, die Ihnen lieb sind und die Ihrem Leben Sinn geben. Nicht zuletzt sind Sie über das Buch, das Sie gerade in Händen halten, mit mir, der Autorin, verbunden.

Selbst wenn Sie nur zu wenigen Menschen regelmäßig einen direkten Kontakt haben, sind Sie indirekt immer mit unendlich vielen Menschen in Kontakt. Spüren Sie diese Verbundenheit – und mit ihr die Dankbarkeit gegenüber den Menschen, die die Dinge geschaffen haben.

Kapitel 9
Zu zweit im Himmel des Jetzt

Zu Beginn jeder Liebe zählt nichts als der Augenblick. Doch dann verschwindet das natürliche Jetzt-Bewusstsein und wir fallen aus dem Paradies heraus. Im Licht der Achtsamkeit jedoch entsteht eine neue Zeitlosigkeit. Sie verwandelt unsere Beziehung in eine Quelle dauerhaften Glücks.

In der Liebe wollen wir alles ganz besonders richtig machen. Also fangen wir schon bei der Partnerwahl damit an. Wir lesen in Ratgebern nach, wie wir uns als attraktiven Partner darstellen. Wir treten selbstbewusst auf, kleiden uns in den richtigen Farben, senden gekonnt Körpersignale aus. Haben wir jemanden ins Auge gefasst, gilt es, die Etikette der Kontaktaufnahme zu beachten. Selbstverständlich geben wir uns natürlich, witzig, charmant und keineswegs aufdringlich, zugleich aber offen und sind immer ganz wir selbst. Das Gegenüber hat »angebissen«? Na endlich! Höchste Zeit, im Kriterienkatalog abzuchecken, ob es sich um den Richtigen beziehungsweise die Richtige handelt. Überwiegen die Häkchen auf der Positivliste, dürfen wir uns kurz die Hände reiben. Aber nur kurz, denn nun kommen Strategien zum Einsatz, um die Person gezielt an uns zu binden.
Unauffällig, doch mit Argusaugen wird beobachtet, ob die Bindungsfähigkeit stimmt, ob beider Bedürfnisse nach Nähe und Distanz kompatibel sind. Und überhaupt: Was ist mit dem Lebensentwurf? Wie viel Übereinstimmung gibt es? Welche Altlasten werden eingebracht, wäre eventuell noch eine Konkurrentin oder ein Konkurrent aus dem Feld zu schlagen? Im Idealfall sind inzwischen reichlich Endorphine geflossen, und wir haben uns verliebt. Nun ist erstmal alles gut. Die erste Schlacht ist geschlagen und wir sind vollauf damit beschäftigt, den Rausch zu genießen. Rosarote Wölkchen zieren den Liebeshimmel, wir spazieren Hand in Hand unterm Regenbogen. Doch irgendwann naht sie unweigerlich – die erste Gewitterfront.
Ein Konflikt! Bestens gewappnet zücken wir den Ratgeber für Streitkultur aus der Schublade. Auseinandersetzung kann gelernt werden. Also motivieren wir einander zuzuhören, unsere Bedürfnisse zu äußern und über unsere Gefühle zu reden. Wir zeigen uns betroffen oder verletzt, fordern faires Wiedergutmachen – und selbstverständlich üben wir uns in konstruktiver Kri-

tik. Wir loben und tadeln unter Zuhilfenahme angemessener Formulierungen, bemühen uns um authentisches Feedback. Dann … oh, wie köstlich kann Versöhnung schmecken. Es wird gefeiert, gestanden und geschworen, bevor man mit allerbesten Vorsätzen in den Alltag zurückkehrt. Und wenn sie nicht gestorben sind, dann basteln sie bereits an der To-do-list für Paarhygiene …

So viel zu dieser nicht ganz ernst gemeinten Lovestory. Doch nun zu Ihnen, liebe Leserin und lieber Leser. Falls Sie in einer funktionierenden Beziehung leben, gehe ich davon aus, dass Sie (wie alle guten Partner) irgendwo im Hinterstübchen die Hoffnung noch nicht aufgegeben haben, das Rezept für dauerhaftes Liebesglück zu finden. Als realistischer Mensch würden Sie das natürlich niemals zugeben. Müssen Sie auch nicht. Die Erfahrung hat uns alle hinlänglich belehrt, dass eine Beziehung Arbeit macht. Sie ist wie ein Garten, der ständig gepflegt werden will. Was würden Sie nun davon halten, wenn Ihnen jemand folgenden Satz sagen würde: »Hören Sie endlich auf, an Ihrer Beziehung zu arbeiten, dann wird alles von alleine gut!« Ich nehme an, Sie würden sich empört an die Stirn tippen. Da haben Sie sich mühsam ein neues Verhaltensrepertoire antrainiert, kehren brav immer nur vor der eigenen Haustür und nun dies! Sollen zum Schluss all Ihre Übungen umsonst gewesen sein? Keine Sorge. Es ist niemals falsch, sich um eine gute Beziehung zu bemühen. Ganz sicher dient es Ihrer persönlichen Weiterentwicklung und gibt Ihnen jede Menge Denkanstöße. Im richtigen Bewusstsein angewendet, funktionieren viele der Tipps durchaus.

Trotzdem möchte ich Ihnen in diesem Kapitel ein anderes Beziehungskonzept vorstellen. Es handelt sich um eine Art, miteinander umzugehen, von der Sie vielleicht noch nichts gehört haben. Nach den bisherigen Kapiteln dürfte die Methode Sie allerdings nicht mehr überraschen…

Richtig, es geht um die Kunst des Hier und Jetzt. Bereits am Anfang dieses Buches haben wir festgestellt, dass zwei frisch Verliebte die Regeln des Augenblick-Bewusstseins ganz mühelos beherrschen. Wenn sie einander in die Augen schauen, schaltet sich der kritische Gedankenapparat mit seinen zersetzenden Analysen aus, stattdessen stehen alle Sinne voll auf Wahrnehmung. Liebende erleben das Leben als reich, sie kosten die Gegenwart in ihrer ganzen Fülle. Weil sie spüren und fühlen, statt zu denken! Genau genommen handelt es sich bei dem Rausch der Sinne um nichts anderes als um einen (zu zweit erlebten) Rausch der Gegenwärtigkeit.

Jeder Augenblick, den wir leben,
ist die Ewigkeit.
Denn Ewigkeit ist nichts anderes
als eben dieser Augenblick.
Sie sind ineinander versunken
und sind vollkommen eins.
Dieser Zustand
der vollkommenen Durchdringung
ist das Wesen der Erleuchtung.
(Daisetz T. Suzuki)

Spüren und fühlen – nicht denken

Da es unvergleichliche Glücksgefühle auslöst, mit allen Sinnen im Jetzt zu sein, suchen wir unbewusst immer nach einer Wiederholung dieses guten Gefühls. Sehnsüchtig rennen wir Glücksverheißungen hinterher, in der Hoffnung, diesen Zustand zu erreichen. Dauerverliebtheit wäre in der Tat ein Weg zu diesem Ziel. Nicht umsonst ist sie der Traum aller Paare. Doch leider können wir uns nun mal keine rosarote Brille backen, und alle zwei Jahre ein neuer Traumpartner, das schaffen bei uns

höchstens die Fußballer. Der echte Weg zur offenen Wahrnehmung ist Achtsamkeit.
Diese Schule lehrt uns ja nichts anderes als das Leben in jedem Augenblick anzunehmen, wie es ist und dauerhaft in der Wahrnehmung zu bleiben. Und genau hier entlang führt uns auch der Weg zur erfüllten Liebe.

Ich behaupte, dass jede Beziehung, die nur ansatzweise nach den Regeln der Gegenwärtigkeit gelebt wird, hundertmal mehr Glücksgefühle ermöglicht als jede To-do-list für Ehehygiene.

Tatsächlich fängt eine achtsam gelebte Beziehung damit an, dass wir aufhören, an uns zu arbeiten. Was das bedeutet, möchte ich Ihnen hier veranschaulichen.

Wir sollten zum Beispiel aufhören,

- darüber nachzudenken, ob wir etwas richtig oder falsch gemacht haben,
- unser Verhalten zu kontrollieren,
- das Verhalten des anderen zu kontrollieren,
- Äußerungen oder Verhaltensweisen zu bewerten,
- Äußerungen oder Verhaltensweisen zu kritisieren,
- den Partner oder die Partnerin ändern zu wollen,
- zu hoffen, dass der Partner oder die Partnerin sich von alleine ändert,
- die Beziehung in Frage zu stellen, wenn unsere Erwartungen nicht erfüllt werden,
- vom anderen etwas zu erwarten oder gar einzufordern,
- dem anderen Vorhaltungen zu machen,
- frühere Streitpunkte hervorzukramen,
- Themen zu diskutieren, die im Augenblick nicht »akut« sind,
- unsere Beziehung mit Zukunftssorgen zu belasten,

- den Partner oder die Partnerin zu manipulieren,
- uns in die persönlichen Entscheidungen des anderen einzumischen,
- und vieles, vieles mehr.

Wenn Ihnen einige dieser Regeln bekannt vorkommen, hängt das damit zusammen, dass Achtsamkeit in modernen Paartherapien bereits gelehrt wird. Auch in der neueren Ratgeberliteratur werden derzeit viele Achtsamkeitsregeln integriert.

Ich möchte Sie nun jedoch einladen, noch sehr viel weiter zu gehen. Wirklich erfüllend wird Ihre Beziehung zu sich, zu Ihrem Partner und zu allen Menschen, zu denen Sie in einer Beziehung stehen, nämlich erst, wenn Sie Ihr Miteinander immer mehr mit Achtsamkeit füllen.

> *Leben Sie mit Ihrem Partner möglichst oft von Augenblick zu Augenblick. Sprechen Sie seltener über das, was Sie denken und häufiger über das, was Sie wahrnehmen. Tauschen Sie sich über Ihre Gefühle und Bedürfnisse aus – damit lernen Sie, aus dem Moment heraus zu handeln und spontan zu reagieren. Schenken Sie sich selbst Liebe, die an keine Bedingungen geknüpft ist. Schenken Sie Ihrem Partner Liebe, die an keine Bedingungen geknüpft ist. Akzeptieren Sie den anderen wie er ist. Das gelingt Ihnen leichter, wenn Sie in ihm das Göttliche anerkennen. Lassen Sie alle Gefühle zu, ohne sie zu bewerten und auszuagieren. Nehmen Sie zu diesem Zweck den Standpunkt des Beobachters ein und schauen Sie zu, wie das Gefühl sich aufbaut, steigert und seinen Höhepunkt erreicht und durch sie hindurch davonzieht.*

Zugegeben, auch das bedeutet Arbeit, aber eine ganz andere. Statt sich oberflächliche Verhaltensregeln anzutrainieren und Beziehungsetikette zu lernen, erhalten Sie hier die Chance, aneinander wachsend tief greifende Entwicklungsschritte zu machen. Einer der Lehrer des neuen Jetzt-Bewusstseins, Eckhart Tolle, behauptet übrigens, dass Beziehungen nicht dazu da sind, uns glücklicher, sondern um uns »bewusster« zu machen. Sobald wir das akzeptieren, sagt er, biete eine Beziehung uns Erlösung und helfe, uns auf das höhere Bewusstsein auszurichten, das in diese Welt geboren werden möchte.

Ich persönlich habe die Erfahrung gemacht, dass der zu zweit beschrittene, achtsame Weg zu ausgesprochen tiefen Empfindungen von Liebe und Glück befähigt.

Ich bin immer wieder bezaubert, welche Magie sich in einer Beziehung entfaltet, in der zwei Menschen in vollem Bewusstsein der Gegenwart das Leben feiern.
Stellen Sie sich nur vor, wie wunderbar leicht sich ständige Streitanlässe und automatisierte Verhaltensmuster auflösen, sobald Sie Ihren Gedankenapparat aus- und Ihre Wahrnehmung einschalten. Wenn nur das zählt, was Sie in diesem Moment sehen, hören, fühlen, riechen, schmecken – und was Ihre Intuition Ihnen sagt.

Alle Perlen des Lebens liegen im Augenblick verborgen und können in dieser unerschöpflichen Quelle entdeckt werden.

Die Schule des Hinschauens

In Beziehungen zu anderen Menschen lernen wir durch Achtsamkeit, vieles anders anzugehen, als es uns von den Eltern beigebracht wurde. Ohne sich darüber im Klaren zu sein, haben die meisten von uns ihre Ziele und Vorhaben, ihre Vorstellungen von Beziehungen und alle anderen Ideen nach dem Muster ausgerichtet, dem sie in der Kindheit ausgesetzt waren. Diese Ausrichtung

geschieht entweder in Übereinstimmung oder im Widerstreit mit dem ursprünglichen Muster. War der Vater zum Beispiel beruflich erfolglos, entwickelt sich der Sohn entweder ebenfalls zum Versager oder er setzt alles daran, um genau das Gegenteil zu erreichen, nämlich eine brillante Karriere. Eine Frau, die eine desolate Kindheit ohne Regeln und ohne Orientierung hinter sich hat, wird ihr Leben unbewusst immer zwischen den Polen Ordnung und Chaos ausrichten. Entweder erzieht sie ihre Kinder nach übertrieben strengen Regeln und Konventionen oder sie wiederholt den chaotischen Lebensstil ihres Elternhauses und ist unfähig, ihren Kindern Halt und Struktur zu geben.
Viel breiter wird unser Verhaltens-Spektrum, wenn Achtsamkeit ins Spiel kommt. Das Leben in der Gegenwart fegt die negativ prägenden Einflüsse der Kindheit wie mit einem Drahtbesen aus unserem Leben heraus. Es ist durchaus möglich, dass die äußeren Umstände dieselben bleiben, doch die Art, wie wir sie wahrnehmen und wie wir unsere Beziehungen pflegen, verändert sich grundlegend.
Ein kleines Beispiel: Wer sich noch nie mit Achtsamkeit auseinandergesetzt hat, neigt automatisch dazu, die äußeren Umstände für sein Lebensgefühl verantwortlich zu machen. »Wie geht es dir?« – »Schlecht!« – »Warum?« Nun folgt eine Litanei möglicher Gründe, die zwischen Ärger mit dem Chef, einem Kollegen, dem Finanzamt, der Bank, dem Freund oder der Freundin, dem Partner, dem Kind, dem Haus, dem Auto, dem Hund und so weiter schwankt. Im Licht der Achtsamkeit jedoch schätzen wir Ursache und Wirkung anders ein. Wir beginnen, unsere Verhaltensmuster zu erkennen und begreifen, dass es nur eine Person gibt, die für unser Befinden verantwortlich ist: wir selbst.

Wenn wir unser Leben direkt leben, statt darüber nachzudenken, wie wir es richtig machen könnten, erleben wir tiefe, innere Verwandlung. Sie ist die natürliche Folge eines durch Achtsamkeit erweiterten Bewusstseins.

Wenn immer nur der Augenblick zählt

Lesen Sie nun, wie Sie die wichtigsten Leitsätze der Achtsamkeit ganz konkret in Ihrer Liebesbeziehung umsetzen können:

1. *Akzeptieren Sie Ihren Partner, wie er ist!*
   Der stärkste Katalysator für die Verbesserung einer Beziehung ist das totale Annehmen des Partners, ohne ihn im Geringsten bewerten oder verändern zu wollen. Bei diesem Annehmen sollten wir nicht einmal zwischen Stärken und Schwächen unterscheiden. Betrachten Sie Ihren Partner als vollkommen. Er ist genauso vollkommen wie jeder Mensch auf dieser Erde, wie alles in der Natur. Zugegeben, keine leichte Übung. Schließlich wurde uns von Kindesbeinen an eingetrichtert, andere Menschen kritisch zu beurteilen. Wir lernten, sie nach Aussehen, Verhalten, Intelligenz, sozialer Herkunft und Kleidung zu bewerten und mit anderen zu vergleichen. Das ist uns in Fleisch und Blut übergegangen. In der achtsamen Beziehung hören wir damit auf. In dem Wissen, dass wir stets bei uns selbst beginnen müssen, bemühen wir uns zunächst, uns selbst nicht mehr zu beurteilen und mit anderen zu vergleichen, dann hören wir auf, den Partner zu beurteilen und zu vergleichen. Wir ändern unseren Blickwinkel und erkennen in jedem Menschen die Einzigartigkeit und die Vollkommenheit.
   Ein probates Mittel, um das zwanghafte Bewerten abzulegen, besteht übrigens darin, sich nicht mehr mit dem Denken zu identifizieren. Schüler der Zen-Meditation lernen, dass der Geist, der das kritische Denken produziert, nicht wir selbst sind. Der Geist und seine Gedanken sind nur eine Instanz in uns. Lernen Sie, sich von der Identifikation mit Ihrem kritischen Denken zu lösen und werden Sie mehr und mehr zum stillen Beobachter Ihrer Gedanken. Beobachten Sie, wie schnell Sie gedanklich ins Bewerten hineinrutschen, wenn Sie

mit Ihrem Partner zusammen sind und holen Sie sich immer wieder zurück. Machen Sie es zu einer täglichen Übung, die Vollkommenheit Ihres Partners zu sehen. Damit können Sie ihn leichter genau so akzeptieren, wie er ist. Versuchen Sie es. Jedes Mal, wenn es Ihnen gelingt, diese Sichtweise zu entwickeln, sind Sie frei für Liebe, Freude und Heiterkeit.

2. *Alles Störende, das Sie lassen können, wie es ist, wird sich selbst vollenden!*
Etwas Störendes nicht anzurühren, fällt Menschen mit westlich geprägtem Verstand sehr schwer. Wir sind gewohnt, Dinge oder Umstände so lange zu bearbeiten, bis sie unseren Vorstellungen entsprechen. Ich rate Ihnen dennoch, es anders zu probieren. Ein Naturgesetz besagt, dass alles, was wir nicht verändern oder verbessern, sich von selbst vollendet. Wenn Ihr Partner also eine unerwünschte Verhaltensweise an den Tag legt, nehmen Sie diese zur Kenntnis und akzeptieren Sie, dass sie existiert. Damit wird sie von alleine an Bedeutung verlieren. Die achtsame Art funktioniert eigentlich ganz leicht: Lassen Sie schlechte Gewohnheiten und negative Verhaltensmuster ganz bewusst ein Teil Ihres Lebens sein – und schon treten sie automatisch in den Hintergrund. Wenn einer von Ihnen beiden immer wieder unpünktlich ist, können Sie das zum ständigen Streitpunkt machen. Sie können es aber auch einfach wahrnehmen und damit leben. So verliert dieser Punkt die Macht über Ihre Beziehung. Viele Ärgernisse lösen sich von selbst auf, wenn wir nicht auf sie reagieren. Es ist nicht notwendig, seinem Ärger immer Luft zu machen. Damit bekommt er viel zu viel Energie und wird unnötig aufgeblasen. Wir nehmen ihn zur Kenntnis und richten unsere Aufmerksamkeit auf etwas anderes.

3. *Beobachten Sie, wie Ihr Partner »funktioniert«, ohne ihn zu bewerten!*
   Ähnlich neutral wie wir beim Zazen die Verhaltensweisen des eigenen Geistes beobachten und nur Zeuge sind, betrachten wir in einer achtsam gelebten Beziehung die Eigenheiten unseres Partners. Während er sozusagen auf der Bühne des Lebens agiert, begeben wir uns in den Zuschauerraum und schauen uns seine Reaktionen und Gewohnheiten aus der Position des neutralen (!) Beobachters an. Dadurch erkennen wir, wie er »tickt«, wie er »funktioniert«. Das Wissen darum reicht aus, denn nun ist klar, wo die Beziehungsfallen lauern, und wir können alles umgehen, was einem glücklichen Zusammenleben im Wege steht. Im Unterschied zur analysierenden Vorgehensweise, die ergründet, warum wir so sind, wie wir sind und warum der andere so ist, wie er ist, will die Achtsamkeit nur die »Strickart« eines Menschen erkennen. Die gilt es allerdings, wie in Punkt 1 beschrieben, vorbehaltlos zu akzeptieren.

In einer achtsam gelebten Beziehung geht es nicht darum, sich oder den anderen zu einem besseren Menschen zu machen, sondern ganz bewusst so zu sein, wie man ist.

Versuchen Sie einmal, im Dunkeln durch eine fremde Wohnung zu gehen. Überall werden Sie anecken, sich anstoßen, Sie können sich verletzen oder sogar hinfallen. Schalten Sie jedoch Licht an, erkennen Sie mühelos alle Hindernisse und Stolperfallen und können diesen mühelos ausweichen. So funktioniert es, wenn Sie eine Beziehung im Lichte der Achtsamkeit betrachten.

Der Weise hütet Achtsamkeit
wie einen großen Schatz.

4. *Hören Sie auf, sich gegen etwas zu wehren!*
   Alles, wogegen wir uns auflehnen, bleibt bestehen und wird

sogar noch stärker. Weil die Energie der Aufmerksamkeit alles, ob positiv oder negativ, verstärkt. Bauen wir also einen Widerstand gegen ein Thema auf, können wir davon ausgehen, dass es uns noch eine ganze Weile erhalten bleibt. Nehmen wir an, Ihr Partner ist unordentlich und Sie möchten ihn dazu bringen, sich diesbezüglich zu ändern. Sie führen dem Thema also viel Energie zu, indem Sie ihn ständig drängen, seine Kleider wegzuräumen und nicht immer alles liegen zu lassen. Das setzt ihn natürlich unter Druck. Irgendwann hat er gar keine Lust mehr, ordentlicher zu werden. Je mehr Sie versuchen, Ihren Partner zu verändern, umso unordentlicher wird er werden, während Sie immer stärker auf Ordnung pochen. Am Schluss dreht sich in Ihrer Beziehung alles nur noch um das Thema Unordnung.
Zu einem besseren Resultat kämen Sie, wenn Sie die Unordnung Ihres Partners neutral beobachten und ihr keine Aufmerksamkeit beimessen würden. Damit bekäme diese unerwünschte Verhaltensweise keine Energie. Da Gewohnheiten und Verhaltensweisen – wie alles im Universum – Energie brauchen, um zu »überleben«, wird sich die Unordentlichkeit ganz von selbst abschwächen und irgendwann vielleicht sogar auflösen. Wer weiß, vielleicht beginnt Ihr Partner eines Tages, seine Sachen einfach wegzuräumen.

5. *Akzeptieren Sie, dass Sie in jedem Augenblick nur so sein können, wie Sie sind*
In den Köpfen vieler Menschen geistert die Idee herum, dass wir und unser Leben anders sein könnten, wenn wir uns nur tüchtig bemühen würden. Wir malen uns aus, wie es gewesen wäre, wenn wir statt des Partners die Jugendliebe geheiratet hätten, dass wir dadurch andere Kinder, eine größere Wohnung, einen anderen Beruf haben könnten. Alles könnte anders sein. Oder? Wenn Sie genau hinschauen, stellen Sie fest, dass diese Annahme nicht stimmt. Sie können immer nur so

sein, wie Sie sind. Das gilt für den Augenblick, den Sie gerade durchleben, ebenso wie für alle anderen Augenblicke zuvor. Unser Leben setzt sich aus einer Abfolge von Augenblicken zusammen. Vertiefen Sie sich einmal in diesem Gedanken und Sie werden bemerken, dass alles immer nur so sein konnte, wie es war. Was sich in Ihrem Leben ereignet hat, konnte nur genau so passieren. Es gibt nichts Richtiges oder Falsches daran. Wenn Sie dieses Prinzip wirklich verinnerlichen, werden Sie erkennen, wie überflüssig es ist, frühere Entscheidungen zu bedauern, sich Vorwürfe zu machen oder zu glauben, dass Sie einen falschen Weg eingeschlagen haben.

6. *Kommunizieren Sie gegenwartsbezogen!*
   Alles, worüber wir sprechen oder womit wir uns gedanklich beschäftigen, hat eine Energie, die auf unseren Geist und unser Wohlbefinden wirkt. Nehmen wir an, Sie haben Freunde und Verwandte zu einem guten Festtagsessen zu sich eingeladen. Während des Essens greift eine Person ein unwesentliches Thema auf, das Jahre oder Jahrzehnte zurückliegt. Kaum hat die Person ihren Monolog beendet, hakt die nächste Person ein, um ihrerseits eine Anekdote aus früheren Zeiten beizusteuern. Als nächstes erzählt eine dritte Person ihre um Jahre zurückliegende Krankengeschichte und ehe man sich versieht, befindet sich die Hälfte der Anwesenden in einer Kommunikation über Vergangenes mit nicht unbedingt erbaulichen Inhalten. So wird geredet und geredet und irgendwann ist der Teller leer. Sie als Gastgeberin oder als Gastgeber sind aber bitter enttäuscht. Offensichtlich war kaum einer der Gäste in der Lage, das Gericht zu genießen, für das Sie Stunde um Stunde in der Küche zugebracht haben.
   Was tun in einem solchen Fall? Ich hätte mutig die Diskussion unterbrochen und meine Gäste gebeten, den Augenblick zu genießen und sie gefragt, wie Ihnen die Kalbsbrust schmeckt. Im Übrigen wissen ganzheitlich denkende Ernäh-

rungswissenschaftler, dass wir uns und die andern nicht unwesentlich belasten, wenn wir während der Nahrungsaufnahme negative Bilder, Energien und Erzählungen in den Augenblick holen. Dabei kann einem so mancher Brocken buchstäblich im Halse stecken bleiben oder im Darm zu einer schlechten Auswertung der Speisen führen.

Wenn ich esse, dann esse ich,
wenn ich gehe, dann gehe ich,
wenn ich spreche, dann spreche ich,
wenn ich lese, dann lese ich.

7. *Verweilen Sie im Wissen um Disharmonie!*
Alles, was wir anerkennen und akzeptieren, befreit uns auf gewisse Weise davon. Nehmen wir an, zwischen Ihnen und Ihrem Partner herrscht Krisenstimmung. Sagen Sie sich in diesem Fall einfach im Geiste, was los ist, dass Sie gerade einen heftigen Streit haben, der Ihre Beziehung bedroht – oder wie auch immer Sie die Situation benennen. Beschönigen und verdrängen Sie nichts. Durch das Aussprechen und Wissen kommt ein positiver Faktor ins Spiel, der die Spannung bereits verändern kann. Das Wissen um eine disharmonische Situation erzeugt eine Art räumliche Stille, in der die Disharmonie wie von einem liebevollen Licht umhüllt und schließlich verwandelt wird. Sie selbst können den Prozess übrigens nicht beeinflussen, schon gar nicht mit Hilfe Ihres Willens. Alles, was in Ihrer Macht steht, um eine Disharmonie zu verwandeln, ist, um sie zu wissen und nicht die Augen davor zu verschließen. Wenn Ihr Partner Sie auf die Palme treibt, verweilen Sie im Wissen darum. Es gibt nichts hinzuzufügen: Ihr Partner treibt Sie auf die Palme. Macht es Sie wütend, seien Sie sich Ihrer Wut bewusst, ist Eifersucht im Spiel, machen Sie sich auch die Wahrheit dieses Augenblicks bewusst.

8. *Beginnen Sie Ihre wunderbare Beziehung mit sich selbst!*
Die Beziehung, die Sie mit sich selbst pflegen, entscheidet über Ihre Beziehung zu Ihrem Partner. Wünschen Sie sich also eine Beziehung, die von Respekt, Großzügigkeit oder Lebensfreude getragen ist, müssen Sie mit sich selbst respektvoll und großzügig umgehen und leicht und heiter durchs Leben gehen. Sie tragen die Verantwortung für die Grundstimmung in Ihrer Zweisamkeit, indem Sie bestimmte Dinge tun oder lassen. Wenn Sie zum Beispiel ein sehr selbstkritischer Mensch sind, neigen Sie dazu, sich selbst als minderwertig zu empfinden. Vielleicht fühlen Sie sich zu dick oder zu dünn, zu unattraktiv, zu stil- oder geschmacklos, zu unbedeutend. Gesetzt den Fall, eine andere Person verliebt sich in Sie, können Sie diesen Menschen eigentlich kaum akzeptieren. Irgendetwas muss mit der Person nicht stimmen, die sich von einem so schlechten Menschen wie Ihnen angezogen fühlt. Vielleicht hat er einen schlechten Geschmack oder keine Menschenkenntnis? Mit der gleichen Strenge, die Sie sich selbst gegenüber an den Tag legen, werden Sie Ihren Partner beurteilen. Auch wenn Sie immer an sich »arbeiten« und versuchen, Ihre Eigenschaften zu verbessern, wird Ihr Partner früher oder später das nächste Objekt Ihrer Renovierungsarbeit werden. Sie werden ihn auf die gleiche Art »bearbeiten«, wie Sie es an sich getan haben.

9. *Praktizieren Sie Selbstliebe als oberstes Gebot!*
»Wie innen, so außen!«, sagt ein Naturgesetz. Hier bedeutet es, dass wir nur das im Außen wahrnehmen können, was wir in uns haben. Fühlen Sie sich von anderen nicht geliebt, können Sie davon ausgehen, dass Sie selbst sich zu wenig Liebe geben. Schauen Sie also ganz genau hin, wie viel Liebe und Wohlwollen Ihr Partner Ihnen entgegen bringt. Er spiegelt Ihnen Ihr eigenes liebevolles, wohlwollendes Verhalten. Liebe zwischen zwei Menschen kann nicht durch Erwartungshal-

tung, Bedingung, Forderung oder Eifersucht entstehen. Wer Liebe nur krampfhaft im anderen sucht, wird auf Dauer bitter enttäuscht. Selbstliebe bedeutet Achtung vor dem eigenen göttlichen Licht. Wer sich seelisch vernachlässigt, hat keine gute Verbindung zu seinem göttlichen Kern und nebenbei eine entsprechend schwache Intuition. Wenig Selbstliebe zeigt sich manchmal auch durch die Unfähigkeit, sich von den Forderungen und Erwartungen anderer abzugrenzen. Falls das auf Sie zutrifft, heißt Ihr Gegenmittel Selbstachtung. Damit öffnen Sie in Ihrem Leben die Tür zu mehr Frieden, Demut und Harmonie. Sie werden staunen: In dem Augenblick, in dem Sie sich vollkommen annehmen und sich für Fehler aus der Vergangenheit verziehen haben, fällt es auch anderen Menschen leichter, Sie bedingungslos zu akzeptieren. Fühlen wir uns mit uns selbst wohl, fühlen sich auch andere in unserer Gegenwart wohl. Wir können nur dann eine echte Verbindung eingehen, wenn wir uns selbst lieben.

Lebt nicht in uns
des Gottes
eigne Kraft,
wie könnt uns
Göttliches entzücken.
(Johann Wolfgang von Goethe)

Inseln des Jetzt im Strom der Zeit

Nachdem Sie nun für den achtsamen Umgang mit Beziehungswidrigkeiten gewappnet sind, möchte ich mit Ihnen zusammen einen Blick auf die schöne Seite der Zweisamkeit werfen. Das Leben im Jetzt ist ja nicht nur ein Heil- sondern auch ein Genussmittel, und das im besten Sinne des Wortes. Mit dem rechten Augenblick-Bewusstsein kann alles, was schön ist, immer noch ein bisschen schöner werden, alles Reiche noch reicher und alles Erfüllende noch erfüllender. Ganz sicher haben Sie inzwischen ein Gefühl dafür entwickelt, wie viel lebendiger und kostbarer Ihr Alltag sich anfühlt. Jeder Handgriff, jede Tätigkeit kann zu einer Übung der Achtsamkeit werden. Und wie erst wird Ihr Partner sich vor Ihren staunenden Augen verwandeln, wenn Sie lernen, ihn so zu sehen, wie er ist …

> *Ich kenne inzwischen einige Paare, die sich die Kostbarkeit Ihrer Beziehung durch ein wunderschönes Ritual erhalten: Sie beschenken sich regelmäßig gegenseitig mit Zeit und Aufmerksamkeit.*

Jeder kann darauf achten, die gemeinsame Zeit mit dem Partner, im modernen Zeit-Bewusstsein gerne als *quality time* bezeichnet, so zu gestalten, dass immer mehr Raum entsteht. Raum für die Wahrnehmung der eigenen Person, für die Zuwendung zum andern, wofür auch immer. Wenn sich freie Zeit in köstliche lange Weile verwandelt, wenn Sie im Bewusstsein des Augenblicks einfach nur beisammen sind, kann daraus ein großartiges Abenteuer werden. Miteinander lernen, alles genau so sein zu lassen, wie es ist und dann zu beobachten, was sich daraus entwickelt – es gibt kaum eine schönere Spielwiese.

Überlegen Sie einmal, wie unterschiedlich Männer und Frauen in ihrem Fühlen und Denken sind. Grenzt es da nicht fast an ein Wunder, dass sie überhaupt miteinander auskommen? Achtsamkeit und Mitgefühl können auf die Beziehung zwischen den Geschlechtern wie ein Bindemittel wirken. Diese Tugenden öffnen gefühlsarmen Verstandesmenschen die Welt vielfältiger Sinneserfahrungen. Denn was macht das Sein im Jetzt anderes aus uns als teilnahmsvolle Wesen, die wieder Freude am lebendigen Riechen, Hören, Fühlen und Empfinden entwickeln. Mit wachsender Wahrnehmungsfähigkeit verstehen wir nicht nur unsere eigenen Gefühle besser, sondern öffnen uns auch für die Empfindungen unseres Gegenübers. Außerdem wird ein Mensch, der sich darum bemüht, positiv gestimmt und geistig präsent zu sein, automatisch sein Augenmerk nur auf das richten, was liebenswert ist und gut funktioniert. Das wiederum wächst und gedeiht unter der Energie liebevoller Aufmerksamkeit.

Wie viel von Ihrer gemeinsamen Freizeit verplanen Sie mit irgendwelchen Aktivitäten – von der Arbeit über Fernsehen und gesellschaftliche Verpflichtungen oder Elternabende bis hin zu Kino-, Konzert-, oder Kneipenbesuchen? Gibt es in Ihrem Tagesablauf noch genug Raum für Ruhe, Entspannung oder Zeiten gemeinsamen Schweigens? Gönnen Sie sich Zeiten zu zweit, in denen Sie nichts tun, als Ihre Sinne zu öffnen und wahrzunehmen.

Stellen Sie ein Vase mit duftenden Blumen auf den Tisch, um Ihren Augen und dem Geruchssinn eine Freude zu machen, hören Sie gute, harmonische Musik, zünden Sie eine Kerze an und genießen Sie es, in angenehmer Atmosphäre beisammen sein. Wenn es nichts zu reden gibt, dann reden Sie nicht. Registrieren Sie Ihre Gedanken, Wünsche und Gefühle, beobachten Sie, wie Ängste und Selbstzweifel kommen und gehen, erkennen Sie die Vergänglichkeit. Bewerten Sie nichts, lassen Sie alles geschehen.

Wie schwer es doch sein kann, einfach nur still zu sein. Vielleicht ertappen Sie sich dabei, wie Sie freie Räume sofort mit Gedanken ausfüllen. Was wollte ich noch erledigen? Wen sollte ich noch anrufen?
Wenn wir uns und unseren Partner besser kennen lernen und akzeptieren, was im freien Raum auftaucht, beginnen wir oft, erst richtig zu erkennen, wie stark unser Denken und Fühlen von der Vergangenheit beeinflusst ist und sich dieser Einfluss auf

unserer Liebesbeziehung niedergeschlagen hat. Die Augenblicke gemeinsamer Wahrnehmung schult enorm unsere Intuition. Wir lernen, besser auf unausgesprochene Bedürfnisse zu reagieren, oder ahnen, wie sich der andere fühlt, ohne dass es der Worte bedarf. Hören Sie dem anderen zu, lassen Sie ihn zu sich kommen. Wer weiß schon, wohin ein Abend führt, an dem Sie den Kritiker in Ihrem Kopf einmal ebenso bewusst ausschalten, wie den Fernseher.

The daylight's fading slowly,
the time with you is standing still,
and all we have is here and now.
The Corrs (Irische Popband)

Still schweigend Seite an Seite

Meditation ist in der Hauptsache das Entdecken der eigenen, wahren Natur, eine Heimkehr zu sich selbst. Die Übung, die dieses Kapitel beschließt, ist eine Gehmeditation. Sie eignet sich für das Gehen alleine, ist aber auch eine intensiv wirkende und wunderbar verbindende Achtsamkeits-Übung für zwei Menschen, die gemeinsam einen Raum der Stille betreten möchten.

Wie oft nehmen Sie sich Zeit, um in der Natur zu wandern? Nicht um ein Ziel zu erreichen, sondern aus Freude am Gehen, an der Landschaft, an der Schönheit, die sich in der Natur offenbart. Schenken Sie sich und Ihrem Partner dieses Erlebnis. Eine Gehmeditation in schöner Landschaft verbindet Sie unmittelbar mit der Welt, die Sie umgibt, mit den Bäumen, Blumen und Gräsern, den Tieren und Mineralien, mit dem Element der Luft, der Erde und des Wassers. Es gibt unzählige Orte, der Natur zu begegnen.
Fahren Sie für ein Wochenende ans Meer oder in die Berge oder genießen Sie den Abendspaziergang im Stadtpark, wandern Sie am Fluss entlang oder im nahe gelegenen Wald. Na-

turerlebnisse stärken das Band mit dem Menschen, mit dem Sie unterwegs sind.
Gehen Sie zunächst nur schweigend nebeneinander und stimmen Sie sich meditativ auf Ihre Wanderung ein.
Gehen Sie langsam, ohne sich anzustrengen und achten Sie auf die Farben und Formen, Düfte und Klänge, die Sie umgeben. Beobachten Sie die Vögel, die Bäume, bemerken Sie am Boden Tierspuren und die Spur einer Schnecke, schauen Sie sich das Muster von Spinnennetzen an. Wenn es windig ist, halten Sie Ihr Gesicht in den Wind, und beobachten Sie die Bewegung des Windes in den Blättern der Bäume. Schauen Sie in den Himmel und beobachten Sie das Spiel der Wolken. Ist es regnerisch grau, versuchen Sie, in den Grauschattierungen noch feinere Nuancen wahrzunehmen. Beginnt es zu regnen, lassen Sie die Regentropfen Ihr Gesicht benetzen. Freuen Sie sich daran, wie der Regen die Erde und die Pflanzen nährt. Auch wenn Sie sich mit einem Anorak und Regenschuhen vor der Nässe schützen, können Sie sich bewusst werden, wie sehr Sie auf die Nahrung angewiesen sind, die aus dem Kreislauf von Erde, Sonne, Wind und Regen entsteht.
Wenn Sie eine Weile schweigend nebeneinander gegangen sind, werden Sie vielleicht feststellen, dass zwischen Ihnen ein Raum entstanden ist, in dem Sie auf neue Weise miteinander kommunizieren.

Gehen mit dem Windatem

Wenn Sie mögen, können Sie nun in eine zweite Phase der Geh-Meditation übergehen, bei der Sie Ihre Aufmerksamkeit auf die Koordination Ihrer Schritte mit dem Atem richten. Damit wird Bewusstheit in die Aktion eingebunden. Es ist bekannt, wie heilsam ein Spaziergang in frischer Luft ist Aus dem rein technischen Gehen ergeben sich aber nur etwa 10 Prozent der positiven Wirkung. Die restlichen 90 Prozent (!) ergeben sich aus der Bewusstheitspraxis während des Gehens.

Wählen Sie selbst, wie Sie Ihre Schritte mit dem Atemrhythmus koordinieren. Sie können entweder

- *drei Schritte einatmen und drei Schritte ausatmen oder*
- *zwei Schritte einatmen, zwei Schritte Atempause einlegen, zwei Schritte ausatmen oder*
- *drei Schritte einatmen und vier Schritte ausatmen.*

Die dritte Variante, bei der das Ausatmen länger dauert als das Einatmen, vertieft den Atem und wirkt besonders entspannend.

Probieren Sie zunächst alle drei Möglichkeiten aus und entscheiden Sie sich für die, die am besten zur Strecke und zu Ihrer augenblicklichen Stimmung passt. Es geht einzig darum, dass Sie im Einklang mit Ihrem eigenen Rhythmus gehen und atmen.

Der meditative Schritt-Atem-Rhythmus hat übrigens im Qi Gong, der Volksmedizin der Chinesen, eine lange Tradition. Er heißt dort »Windatem« und wird als unterstützende Behandlung gegen Krebs und viele chronische Krankheiten eingesetzt. Die erstaunliche medizinische Wirkung wird so erklärt, dass der Atem durch die Konzentration des Zählens mit der Kraft der Aufmerksamkeit energetisch angereichert wird.

Wenn der Rhythmus von Atem und Schritt nach einer Weile ganz selbstverständlich für Sie geworden ist, können Sie das Mitzählen aufhören und einfach im natürlichen Atem weitergehen.

Auch beim Bergwandern kann die Technik des Windatems übrigens sehr hilfreich sein. Indem Sie je nach Steilheit des Weges mit dem Atem gehen, machen Sie noch den anstrengendsten

Aufstieg zu einem meditativen Gipfelerlebnis. Bei steilen Passagen wählen Sie zum Beispiel nur einen Atemzug pro Schritt, bei flacheren Strecken verlängern Sie den Rhythmus auf zwei oder drei Schritte pro Einatmen und zwei, drei Schritte für das Ausatmen. Nach einer längeren Wegstrecke, die Sie in Ihrem Schritt-Atem-Rhythmus zurückgelegt haben, werden Sie sich wundern, wie frisch Sie an Ihrem Ziel ankommen.

Kapitel 10
Ihre Zeit ist gekommen!

Es gibt Augenblicke, in denen die Zeit still steht. Wie von Zauberhand werden Vergangenheit und Zukunft ausgelöscht. Jeder von uns kennt die ewige Sehnsucht nach dem Jetzt.

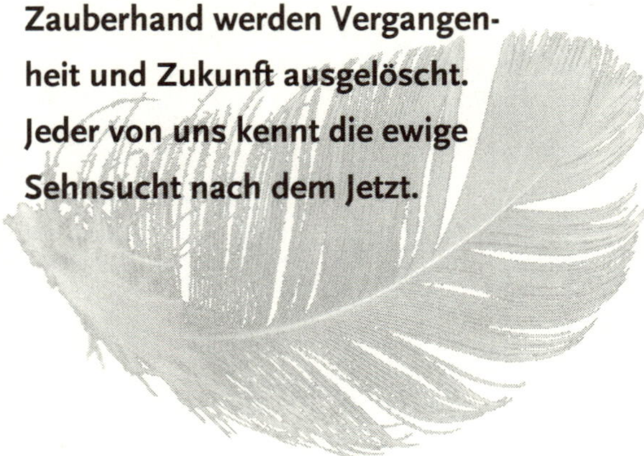

Zeitlos inmitten der Zeit

»Wie viel Uhr ist es eigentlich – neun Uhr oder elf oder schon nach Mitternacht?« Die Frau und der Mann hatten vollkommen die Zeit verloren, als sie das Haus verließen. Eigentlich wollten sie essen gehen, aber sie wussten nicht, ob die Restaurants noch geöffnet waren. Sie waren schon eine ganze Weile schweigend Hand in Hand die Straße entlang gegangen, als ihm einfiel, dass er ja nachschauen könnte. Umständlich kramte er seine Armbanduhr aus der Jackentasche. Es war erst acht Uhr! Vier Stunden erst, seitdem sie sich getroffen hatten. Für die Frau und den Mann war eine Ewigkeit vergangen. Oder war der ganze Nachmittag doch nur ein Augenblick?
Wir sind nicht die ersten, die Zeitlosigkeit inmitten der Zeit erleben. Es geschieht immer wieder, zu allen Zeiten – es geschieht in Momenten voller Magie. Wenn wir die Zeit verlieren, ist der Augenblick die Ewigkeit und die Ewigkeit ein Augenblick. Zeit spielt keine Rolle in den großen Momenten des Lebens. Vergangenheit und Zukunft finden nicht mehr statt, wenn das Jetzt uns überwältigt.

Die Welt zu sehen
in einem Körnchen Sand
und einen Himmel
in einer wilden Blume.
Unendlichkeit zu halten
in der Hand
und die Ewigkeit
in einer Stunde.
(William Blake)

Überwältigend – so nennen wir Ereignisse, die uns so tief bewegen, dass sie unser Zeitempfinden auslöschen. Leider sind solche intensiven Begebenheiten nicht immer berauschend wie ein Lie-

besnachmittag. Sie können auch Tod und Terror bedeuten. Am 11. September 2001 hielt die ganze Welt den Atem an. Auch als die Nachricht vom Tod des Papstes um die Welt ging, stand für manche Menschen die Zeit still, ebenso bei der Tsunami-Katastrophe Weihnachten 2004 und bei den vielen anderen Tragödien, die unsere Welt derzeit erschüttern.
Ob durch Drama, Lust, Rausch oder Tragödie – immer wieder versucht der Mensch, die Zeit anzuhalten, aus ihr auszusteigen. Denn er sehnt sich nach dem Jetzt, in dem das Leben stattfindet.

Doch so sehr wir uns bemühen – nicht immer gelingt es uns, ganz im Augenblick zu leben. Es ist wohl auch nicht so vorgesehen, sonst wären wir alle längst erleuchtet. So bleibt uns nur, die Kunst des Jetzt als Weg zu verstehen, auf dem wir mal schneller, mal langsamer vorankommen. Und während wir uns – den Augenblick im Visier – durch das Leben bewegen, lernen wir ganz nebenbei einen besseren Umgang mit der Zeit.

Zeit an sich ist zwar eine Kopfgeburt, ein Phänomen, das wir nicht fassen und nicht direkt »erleben« können, aber wir erfahren sie indirekt. Durch ihre Auswirkungen, ihren Effekt. So reich es uns macht, die Gegenwart zu leben, so bitter nötig ist es gleichzeitig, richtig mit der Zeit umzugehen. Wir leben nun einmal in einem Zeitkorsett, weil wir gezwungen sind, Geld durch Arbeit zu verdienen und weil unsere Tagesabläufe durch Zeit strukturiert sind. Damit haben wir auch nur eine ganz bestimmte Zeitspanne zur Verfügung, um unseren Interessen nachzugehen. Wie stark unser Leben durch Zeit bestimmt ist, zeigen viele Redewendungen. Die Zeit hetzt, drückt und stresst uns. Sind wir in der Zeit? Haben wir ein Zeitfenster? Stiehlt uns jemand unsere Zeit? Wir erledigen Dinge nacheinander, denken jetzt dies und morgen das. All diese Vorgänge entwickeln und festigen unser Bewusstsein für Zeit.

Zeit ist relativ

Während der industriellen Revolution, als Arbeit zum Symbol für Selbstbewusstsein und gesellschaftliche Anerkennung wurde, glaubten die Menschen, dass jeder Tag 24 Stunden hat, dass Zeit linear verläuft und wir alle die gleiche begrenzte Menge an Zeit zur Verfügung haben. Doch spätestens seit Einstein wissen wir, dass das ein Trugschluss ist. Zeit ist eine völlig subjektive Angelegenheit. Ob sie uns davonläuft und wir ihr hinterherhinken, ob sie träge verrinnt oder wie im Flug vergeht, das hängt von uns selbst ab. Und irgendwie erleben wir die Zeit immer wieder anders, denn unser Zeitempfinden ist wie ein schwankendes Schiff. Je nach dem, wie wir gestimmt sind, uns fühlen, was wir gerade tun und wie viel Spaß wir dabei haben, vergeht die Zeit langsam oder schnell. Albert Einstein selbst hat das subjektive Erleben der Zeit einmal in folgende Worte gefasst:

Wenn man mit einem
netten Mädchen
zwei Stunden zusammen ist,
hat man das Gefühl,
es seien zwei Minuten.
Wenn man zwei Minuten
auf einem heißen Ofen sitzt,
hat man das Gefühl,
es seien zwei Stunden.
Das ist Relativität.

Erinnern Sie sich an Ihren letzten Besuch beim Zahnarzt, als Ihnen eine Füllung erneuert wurde? Die wenigen Minuten, in denen der Arzt Ihnen mit dem Bohrer in Nervnähe zusetzte, erschienen Ihnen wie Stunden. Ganz anders der Abend, den Sie frisch verliebt in trauter Zweisamkeit verbrachten.
Der berühmteste Glücksforscher unserer Zeit, Professor Mihaly

Csikszentmihalyi, hat längst herausgefunden, welcher Faktor unser Zeitempfinden prägt: Es ist die Aufmerksamkeit, jene geistige Energie also, die wir aussenden, wenn wir uns einem Objekt zuwenden. Unsere Aufmerksamkeit ist eine ebenso kostbare wie machtvolle Energie, denn sie entscheidet darüber, ob uns Zeit sinnvoll oder sinnlos erscheint, ob sie uns lang oder kurz wird oder ob wir gar in besagten, intensiven Glücksmomenten die Zeit und die Welt um uns herum völlig vergessen. Sie erinnern sich an die berühmten Flow-Erlebnisse, die uns bei konzentrierter Arbeit, bei einem anregenden Gespräch, beim Lesen, beim Sport, beim Handwerken oder in einer Liebesnacht »geschehen«? In diesen Momenten ist unsere Aufmerksamkeit vollkommen gebannt und wir erleben nur das Jetzt. Unser Gehirn produziert in diesem Ausnahmezustand Endorphine, glücklich machende Neurochemikalien, die uns unglaublich kreativ machen und uns das Gefühl verleihen, unendlich belastbar zu sein. Aus Sicht der Hirnforscher findet bei diesem Versunkensein übrigens immer Kommunikation statt. Wir synchronisieren uns entweder mit uns selbst, mit einer anderen Person, mit einer Tätigkeit oder dem Objekt unserer Betrachtung. Dabei sind wir so in unserem Erleben gefangen, dass keine Zeit mehr bleibt, um das Vergehen der Zeit zu beachten. Wenn im Flow die Zeitdimensionen Zukunft und Vergangenheit zusammenfallen, hebt sich Zeit auf. Sie ist dann kein Faktor in unserem Erleben, sie kann Ewigkeit und Bruchteil einer Sekunde sein, sie kann schrumpfen und ins Unermessliche wachsen. Sie hat keine Bedeutung. Zurück bleibt die Empfindung, in der Tätigkeit aufzugehen, sich in ihr zu verlieren und sogar sich selbst zu vergessen. Ganz anders als während des unmittelbaren Erlebens stellt sich Zeit im Rückblick dar. Eine langweilige Wartezeit, in der sich Minuten zu einer Ewigkeit dehnten, schrumpft in der Erinnerung zusammen, während eine kurzweilige Phase sehr viel länger erscheint. Das hat etwas mit unserer Erinnerung zu tun: Wenn das Gedächtnis angefüllt ist von vielen Bildern, entsteht der Eindruck, dass die Zeit lang gewesen sein muss. Ist hingegen nichts Beeindruckendes geschehen, bleibt nicht viel in unserem Gedächtnis zurück. So erklärt sich, warum uns eine Woche Kurzurlaub länger vorkommen kann als Monate monotoner Alltagsroutine.

Doch während wir Urlaubszeit als dichte Zeit empfinden, kann uns das Wochenende oder der Feierabend als bedrückend leer erscheinen. Gerade den Menschen, die im Job besonders viel um die Ohren haben und denen die Zeit im Eiltempo davon rast, scheint Freizeit mehr und mehr zum Problem zu werden. Hätten Sie gedacht, dass viele Berufstätige während der Arbeitszeit zufriedener sind als danach? Glücksprofessor Csikszentmihalyi hat es bewiesen. Er rief eine Gruppe von Versuchspersonen, Angestellte, Manager und Arbeiter, achtmal am Tag an, um ihre Zufriedenheit festzustellen. Sie mussten sofort ihre Tätigkeit unterbrechen und ihre Stimmung und die Intensität ihres Tuns in Fragebögen notieren. Ergebnis: Alle fühlten sich während der Arbeitszeit deutlich häufiger kreativ, motiviert und aktiv als nach Feierabend, wo sie angaben, gelangweilt, passiv und unzufrieden zu sein. Die schlimmste Zeit war übrigens der Sonntagmorgen, wenn die Zeit sich hinzog wie eine träge Masse.

Für mich fast noch interessanter aber war die Ausnahme der Regel, die der Glücksspezialist bei Bauern feststellte. Diese nämlich wünschten sich während ihrer harten Arbeit auf dem Feld nirgendwo anders hin. Und nach des Tages Müh waren sie noch zufrieden und weiter aktiv.

Das Problem scheint in dem Verhältnis zu liegen, das der heutige Angestellte zu seiner Arbeit hat, folgerte Csikszentmihalyi: Wenn wir unsere Aufmerksamkeit unfreiwillig einer Aufgabe widmen, haben wir das Gefühl, unsere geistige Energie zu verschwenden. Die Zeit, die wir in die Ziele anderer Menschen investieren, erscheint uns als verlorene Lebenszeit.

Lebenszufriedenheit hängt nicht von der intensiven Nutzung der Zeit ab, sondern allein davon, ob wir die Aktivität als sinnvoll empfinden.

Wie Recht der Professor doch hat. Würden wir uns nicht alle wünschen, unsere kostbare Lebensenergie ausschließlich unseren eigenen Zielen widmen zu können? Statt fremdbestimmter Zeit wäre also mehr selbst bestimmte Freizeit das Gebot der Stunde.

Zeit und Aufmerksamkeit – der neue Luxus

In der Tat scheint der Zeitgeist genau aus dieser Richtung zu wehen. Trendforscher haben jüngst erkannt, dass Zeit und Aufmerksamkeit zu den zentralen Marktkriterien der Zukunft gehören. Beide wurden zu knappen Ressourcen erklärt, um die alle konkurrieren: Die Freizeitindustrie, der Job, der Partner, die Kinder.

Zeit oder Geld? Diese Frage wird heute zunehmend anders beantwortet. Haben wir noch vor ein paar Jahren ohne nachzudenken Umwege in Kauf genommen, sind in weit entfernte Supermärkte gegangen, um Geld zu sparen, zahlen wir heute beim Feinkostladen um die Ecke ohne zu zögern mehr, um Zeit zu sparen. Zeit wird zunehmend kostbarer und verdrängt den Wert materieller Güter.

Schon seit einigen Jahren sind Marktstrategen damit beschäftigt, Zeit als Luxusgut für wohlhabende Kunden zu vermarkten. Gerade in den hoch entwickelten Industrieländern hat sich mit zunehmendem Wohlstand ganz und gar nicht das Wohlbefinden gesteigert. Eher im Gegenteil: Das Streben nach mehr stiehlt uns die Zeit, das zu genießen, was wir haben.

Ich beobachte diesen Trend seit einiger Zeit in der Werbung.

Wenn Sie einmal auf Flughäfen und in Hochglanz-Zeitschriften die Plakate anschauen, werden Sie feststellen, dass Luxusprodukte immer häufiger mit Fotos von Menschen beworben werden, die Ruhe und Besinnlichkeit demonstrieren. Je bewusster uns wird, dass Zeit die Schlüsselressource ist, die nicht erneuert werden kann, desto wertvoller wird sie auch aus ökonomischer Sicht. Zeit wird zu einer Kostbarkeit, die man sich gönnt. Oder die man anderen schenkt. Im letzten Kapitel habe ich den Begriff der *quality time* erwähnt, in der man ganz für jemand da ist. Gerade Menschen, die schon alles haben, wünschen sich vor allem, dass man Zeit für sie hat.

Zeit wird mehr und mehr die bessere Investition als Besitz. Denn sobald unsere materiellen Wünsche erfüllt sind, macht sich bemerkbar, was wir zugunsten des schnöden Mammons vernachlässigt haben: Zeit für Geborgenheit, Zeit, um sich einen intakten Lebensraum zu schaffen, um sich persönlich weiterzuentwickeln oder um soziale Netzwerke zu bilden.

Was macht glücklicher: Geld für Erlebnisse oder für Güter auszugeben? Auch dieser Frage ist schon jemand nachgegangen, ein amerikanischer Psychologe namens Leaf Van Boven aus Boulder. Die Ergebnisse seiner Studie fand ich hochinteressant. Eine knappe Mehrheit entschied sich spontan für die materiellen Dinge – frei nach dem Motto, lieber eine neue Jeans im Schrank als ein Konzertbesuch mit Freunden, von dem am nächsten Tag ja nichts mehr ist. So weit, so gut. Rückblickend allerdings stellte sich die Angelegenheit völlig anders dar. Je mehr Zeit verging, desto wertvoller erschien den Probanden nun plötzlich der Konzertbesuch. Als sie gebeten wurden, den Wert der Jeans und den ideellen Wert des Konzertabends anzugeben, bezeichneten die Personen den Wert des Freizeiterlebnisses sogar als unbezahlbar. Die Erklärung des Psychologen: Während Warengüter unabhängig von der Person existieren, werden Erlebnisse als persönlich und unverwechselbar dargestellt, sie werden zu einem Teil der eigenen Persönlichkeit. Außerdem fördern sie Beziehungen und die Verbindung zu Menschen, mit denen man sie erlebt hat. Fazit: Erlebnisse sind einfach unterhaltsamer als Besitz.

Zwei bis drei Sekunden – das ist die Zeitspanne, in der sich die Gegenwart abspielt – das, was wir als Jetzt-Zeit empfinden.

Lieber Sein als Haben

Damit schließt sich also wieder der Kreis. Unser kleiner Ausflug in die Zeitforschung hat gezeigt, dass wir Menschen wieder mehr Erfahrungen brauchen. In einer vom Verstand regierten Zeit haben wir Sehnsucht nach echten Gefühlen und Sinneserlebnissen. Wir beginnen uns zu erinnern, dass Zeit, Erleben und Wahrnehmung ganz bedeutende Ingredienzen des Wohlbefindens sind, sogar wichtiger als Besitz. Das Haben verliert, das Sein gewinnt an Wert – es gibt wohl kaum eine erfreulichere gesellschaftliche Entwicklung.

Damit gewinnt auch ein Buch wie das vorliegende mit seiner Botschaft des Augenblicks an Bedeutung. Der neue Zeitgeist schärft unser Bewusstsein für die genussvollen Momente der Stille, für die neue Langsamkeit und die Vergänglichkeit des Augenblicks. Stellen Sie sich bitte einmal vor: Jeder Atemzug, den Sie nehmen, jeder Klang, den Sie hören, kommt nie wieder. Ebenso wie der Moment, in dem Sie diese Zeilen lesen. Oder in dem Sie aufstehen und hin- und hergehen, mit jemandem sprechen, aus dem Fenster schauen und den Mond betrachten, das Rauschen der Blätter hören, das Zwitschern der Vögel, die Straße hinunter gehen, in den Bus steigen und die Gesichter der Menschen um Sie herum beobachten – all diese Erlebnisse sind einzigartig und kommen nie wieder. Versuchen Sie, sich solche

Augenblicke immer wieder zu vergegenwärtigen. Wenn Sie die Botschaft der Vergänglichkeit sehr tief in sich aufnehmen, wird sich in Ihnen eine sanfte Trauer breit machen. Das, was Sie in solchen Augenblicken berührt, ist aber weder Traurigkeit noch ein Weltschmerz, es ist vielmehr das tiefe Wissen um die Vergänglichkeit des Lebens.

Mit diesem Wissen im Herzen beginnen wir das, was in diesem Augenblick ist, mit tiefer Wertschätzung zu sehen. Wir begreifen die Einmaligkeit:

So, wie es jetzt ist, wird es nie wieder.

Entweder wir erleben den Moment mit unserer ganzen Wahrnehmung oder wir verpassen ihn. Dann ist er vorbei, für immer. Alles vergeht. Diesen Augenblick können Sie nur jetzt erleben. Genießen Sie, was immer Sie tun. Wenn Sie ins Bett gehen, genießen Sie es, ins Bett zu gehen, wenn Sie müde sind, spüren Sie die Müdigkeit. Genau das ist es, was ansteht. Leben von Moment zu Moment. Müdigkeit spüren, sich ausziehen, Zähne putzen, Wecker stellen, ins Bett gehen. Unruhe spüren, nicht einschlafen können, Atem spüren. Aufstehen, herumgehen, ein Buch nehmen, lesen. Frieden spüren, ins Bett legen, Müdigkeit spüren, Augen zu, schlafen.

Am nächsten Morgen: Aufstehen, zur Toilette gehen, ein Glas Wasser trinken. Zum Fenster hinausschauen, sich müde fühlen. Strecken, gähnen, Tee kochen. Was wir im Augenblick tun, ist immer das Wichtigste. Wenn Sie sich angewöhnen, öfter einmal innerlich Stopp zu sagen und in sich hinein zu horchen, werden Sie Freude spüren. Es ist die Freude, die immer dann aufkommt, wenn wir mit ganzem Herzen bei uns sind. Deshalb ist jeder Moment der Achtsamkeit auch ein Augenblick der Freude.

Zum Schluss möchte ich Ihnen zusammenfassend noch einige Dinge ans Herz legen.

Gönnen Sie Ihrem Geist Auszeiten

Meditieren Sie täglich, auch wenn Sie nur ein paar Minuten Zeit haben. Jeder Augenblick, den Sie sich für diese heilsamen Momente frei nehmen, hilft Ihnen, die Schönheit der Stille zu entdecken. Meditationen sind für Geist und Seele das, was für Ihren Körper Wasser und Brot sind. Bei täglicher Innenschau gelangen Sie immer schneller aus dem Zustand der Hektik in den der Gelassenheit. Meditation sind Oasen der Stille, die langsame Rückkehr friedlicher Ruhe, in der Stress abperlt wie Wassertropfen von öliger Haut. Immer in Bewegung zu sein, ist nur eine Seite des Lebens, zur Ruhe zu kommen die andere. Im Nichtstun kommen Sie wieder mit Ihrem innersten Kern in Berührung, den Sie je nach Weltbild göttlichen Funken, höheres Selbst, Leere, oder Intuition nennen können. Meditation erhebt uns über unsere enge, ichbezogene Welt und öffnet den Blick für ein größeres Ganzes. Sie können auch zwischendurch immer wieder kurze Meditationen einlegen, in denen Sie einfach einige Minuten still sitzen und zur Ruhe kommen. Solche Pausen machen uns das Umschalten von einer Tagesphase in die andere leichter oder von einer Aktivität in die andere. Zwischen Arbeit und Feierabend oder zwischen Bewegung und Ruhe schalten wir durch Meditationen auf Leerlauf, wie beim Autofahren. Ohne Leerlauf können Sie nicht von einem Gang in den anderen wechseln. So ist es auch im Alltag. Nutzen Sie Meditation wie eine Brücke, um den einen Lebensbereich mit dem anderen zu verbinden.

Akzeptieren Sie unangenehme Gefühle

Auch körperlicher Schmerz lässt sich mit Meditation in den Griff bekommen. Wenn uns etwas weh tut, ist unsere erste, instinktive Reaktion, den Körper anzuspannen, um den Schmerz mit aller Kraft zu bekämpfen. Aus der Achtsamkeit wissen wir jedoch, dass Widerstand eine Sache verstärkt. Durch die Spannung wird der Schmerz also nur zunehmen. Gehen Sie also lieber den Weg der Achtsamkeit und wandern Sie mit Ihrer Aufmerksamkeit ganz dahin, wo Ihr Schmerz sitzt. Fühlen Sie sich in den Schmerz hinein und erforschen Sie, was gerade geschieht, ohne dagegen anzukämpfen. Damit hören Sie auf, sich dem Schmerz zu verschließen und lernen, ihn mehr und mehr loszulassen und schließlich ganz zu lösen. Auf diese Art werden Schmerzen zu unseren Lehrern. Sie zeigen, wo im Körper Spannungen und Widerstände sitzen.

Stimmen Sie sich ein auf jeden Tag

Diese kleine, sehr effektive Wachsamkeitsübung wird von vielen meiner Seminarteilnehmer mit wachsender Begeisterung praktiziert. Es handelt sich um eine äußerst angenehme Konzentrationsübung, die Sie früh am Morgen in die Schwingung der Achtsamkeit einstimmt. Es ist ganz einfach:

Hören Sie kurz nach dem Aufstehen konzentriert vier bis fünf Minuten lang klassische Musik! Selbstverständlich können Sie jedes klassische Stück wählen, das Ihnen persönlich zusagt. Ich habe mir jedoch bestätigen lassen, dass es eine CD gibt, die sich ganz besonders gut eignet: Es ist das Violinkonzert von Beethoven, 2. Satz, Larghetto, von Anne-Sophie Mutter und Herbert von Karajan. So geht es: Legen Sie die CD ein und hören Sie konzentriert die vier bis fünf Minuten zu, die es dauert, ohne sich von etwas ablenken zu lassen. Ganz sicher werden Sie während des Hörens einige Male von Gedanken abgelenkt. Sie beginnen zum Beispiel, nachzudenken, was Sie am bevorstehenden Tag erwartet, lassen Bilder des vergangenen Abends an sich vorüberziehen oder sich von Sorgen aus dem Augenblick werfen. Anfangs werden Sie gar nicht merken, dass Sie längst nicht mehr bei der Musik sind. Sobald Sie je-

doch erkennen, dass Sie gedanklich abgeschweift sind, kommen Sie wieder zum Violinkonzert zurück.

Ziel der Übung ist es, ganz praxisnah zu erfahren, wie oft Sie sich innerhalb von nur vier bis fünf Minuten ablenken lassen – und das morgens, wo Ihr Geist noch frisch und unverbraucht ist. Mit wachsender Übung werden Sie erkennen, dass die Zahl der Ablenkungen weniger wird. Wenn Sie Ihre klassische Morgenmusik konsequent etwa drei Monate lang durchgeführt haben, wundern Sie sich vielleicht, wieviel klarer Ihr Kopf geworden ist und dass sich Ihre Konzentration den ganzen Tag über deutlich verbessert hat. Vor allem lernen Sie mit der Zeit ganz klar zwischen einem Ablenkungsgedanken aus dem Reich des »Affengeistes« und einem intuitiven Impuls zu unterscheiden, der sich ja meistens auch als Gedanke zeigt.

Lernen Sie, inne zu halten

Um Augenblick-Bewusstsein zu entfalten, brauchen Sie zwischendurch immer wieder kleine Freiräume. Wir alle wissen, wie jeder Tag mit Störfaktoren vollgepflastert ist, die Sie davon abhalten, sich solche Minipausen zu nehmen. Auf der anderen Seite gibt es genau so viele Möglichkeiten, sich das Leben leichter zu machen. Durchforsten Sie Ihren Tagesablauf einmal gezielt auf Zeitlücken und Sie werden merken, dass Sie weitaus mehr Zeit haben, als Sie meinen. Jedes Mal, wenn Sie einen neuen, kleinen Freiraum für sich entdeckt haben, tun Sie Folgendes: Bleiben Sie stehen oder setzen Sie sich hin, kommen Sie zu sich und atmen Sie. Ein und aus. Spüren Sie, wie innerlich Druck von Ihnen abfällt. Nach jedem Innehalten fühlen Sie sich um einiges leichter und entspannter. Das bewusste Innehalten wirkt wie ein kleiner Schutzschild, damit uns unvermeidliche Tätigkeiten oder Probleme nicht an die Wand drängen. Damit Ihnen diese Bewusstseins-Inseln in Fleisch und Blut übergehen, rate ich Ihnen, sich anfangs einen kleinen Reminder zuzulegen. Das kann ein Gegenstand wie ein Stift sein, den Sie täglich viele Male in die Hand nehmen oder ein Handgriff, den Sie ständig wiederholen, wie zum Beispiel das Zurechtrücken der Brille auf der Nase. Nehmen Sie sich vor, dass Sie jedes Mal, wenn Sie Ihren Stift zur Hand nehmen oder die Brille zurechtrücken, kurz innehalten und bewusst ins Jetzt kommen. Sie können sich zwei Minuten ans Fenster stellen und in den Himmel schauen, still vor dem Computer sitzen oder was auch immer. Innehalten heißt Leerlauf. Pause. Ganz hier sein, einatmen, ausatmen, sonst nichts.

Werden Sie leer wie das Universum

Gedankliche Leere herzustellen ist ein zentrales Anliegen der Achtsamkeitsübungen. Für Anfänger ist das kaum vorstellbar, weil wir mit der Idee aufwachsen, unsere Gedanken beziehungsweise unser Verstand seien wir selbst. Ich möchte Ihnen hierzu einen Zen-Koan vorstellen. Koans sind Dialoge zwischen einem Zen-Meister und einem Schüler, in denen ein Paradox den Verstand in die Irre führt und uns damit zum Aufwachen zwingt. Sie sollen dem Schüler helfen, den Quantensprung vom Verstand zum Zustand wacher Gedankenlosigkeit zu vollziehen. Die Geschichte stammt aus »Kein innen, kein außen, Zen Koans« und geht so:

> *Ein Mönch fragte Ummon: »Wenn alle geistige Aktivität zum Stillstand kommt, wie ist es dann?« – Ummon sagte: »Bring die Buddhahalle hierher, wir werden sie zusammen wiegen.« – Der Mönch sagte: »Weichst du jetzt der Frage nicht aus?« – Ummon rief: »Kwatz!« und sagte dann: »Du Plünderer der Leere!«*

Und hier die Erklärung: Der Mönch nimmt nicht wahr, dass seine Frage ein Paradoxon ist und mit Worten nicht zu beantworten ist. Hinzu kommt, dass jeder diese Frage nur für sich selbst beantworten kann.

Statt andere zu befragen, können wir solche Übungen zum Anlass nehmen, uns selbst zu erforschen. Wir können uns still hinsetzen und unsere Gedanken beobachten. Wie sie vorüberziehen wie Wolken am Himmel. Wir beobachten das Kommen und Gehen unserer Gedanken so lange, bis die Momente sich häufen, wo der Strom der Gedanken abbricht und der innere Himmel sich öffnet. Das gilt es zu erfahren. Es bringt nichts, darüber zu sprechen oder es zu lesen.

Deshalb sagte Ummon: »Bring die Buddhahalle hierher, wir werden sie zusammen wiegen.«

Die Buddhahalle ist in Zenklöstern der Ort, wo die Mönche sich versammeln, um dem Meister zuzuhören und zu meditieren. Der Dialog, um den dieser Koan sich dreht, muss außerhalb der Buddhahalle stattgefunden haben. Darum sagte Ummon: »Bring die Buddhahalle hierher.«

Der Mönch sagte: »Weichst du jetzt der Frage nicht aus?«

Er zeigte damit, dass er die Absurdität von Ummons Aussage erkannte. Aber er merkte nicht, dass auch seine Frage unmöglich war.

Ummon rief: »Kwatz!«

Das ist ein Ausruf im Zen, der direkt ins Zentrum des Geistes eindringt. Er ist so scharf wie ein Schwert und wirkt wie ein Schlag auf den Kopf.

Statt dem Mönch mit dem Zen-Stock einen Schlag zu versetzen, rief Ummon: »Kwatz!«

Damit wollte er vermitteln: Halte die Argumente und Überlegungen des Verstandes an, die dir niemals eine Antwort auf deine Frage geben.

Doch offensichtlich hatte der Mönch immer noch nichts verstanden. Deshalb schalt ihn Ummon: »Du Plünderer der Leere!«

Erinnern Sie sich an Ihre Verbundenheit

Durch fast alle Kapitel hindurch habe ich Ihnen mit vielen Beispielen versucht, nahe zu bringen, wie wichtig es ist, die eigene Verbundenheit zu spüren. Die Erfahrung, ein Teil der Welt zu sein, sich mit allen Menschen, Tieren, mit Gedanken verbunden zu fühlen, vermittelt Ihnen nicht nur ein positives Weltbild, sondern auch ein tiefes Gefühl von Geborgenheit. Wenn Sie sich oft einsam und verlassen fühlen, schlage ich Ihnen vor, sich das folgende Zitat einfach zu kopieren und an die Wand zu hängen. Es sind die Ausführungen des indischen Meisters Osho:

Die Welt ist eins. Sie ist eine Einheit.
Nichts ist getrennt. Alles pulsiert zusammen.
Wir sind miteinander verbunden, jeder mit allem.
Das ganze Leben ist ein Netz.
Selbst der kleinste Grashalm, der vor deinen Augen wächst,
ist mit dem entferntesten Stern verbunden.
Wenn mit dem Grashalm etwas geschieht,
geschieht auch etwas mit dem entferntesten Stern.

Da man Verbundenheit nicht mit dem Verstand erfassen kann, nützt es Ihnen aber nicht viel, immer nur darüber zu lesen, Sie sollten sie zusätzlich auch erfahren. Deswegen hier eine kleine Übung, die Sie jederzeit und überall machen können:

Ziehen Sie Ihre Schuhe aus und stellen Sie sich gerade hin. Lassen Sie nun in Gedanken unter Ihren Fußsohlen Wurzeln wachsen. Spüren Sie, wie die Wurzeln immer dichter und tiefer werden und Sie fest Sie in der Erde verankern. Wenn Sie das Gefühl haben, das Bild sei fertig, gehen Sie gedanklich zu Ihrem Scheitelpunkt am Kopf. Stellen Sie sich nun vor, dass an Ihrem Scheitel ein Faden befestigt ist, der sehr, sehr lang ist und Sie direkt mit dem Himmel verbindet. Bleiben Sie eine

Weile stehen und genießen Sie das Gefühl des Eingebundenseins. In Augenblicken der Verbundenheit gibt es kein richtig oder falsch, kein gut oder schlecht. Alles ist vollkommen.

Im Garten des Augenblicks

Habe ich Ihnen schon von meinem Bauerngarten erzählt? Er ist für mich der beste Übungsplatz des Jetzt. Wenn ich zu sehr in Gedanken bin und mich wieder spüren möchte, gehe ich hinaus und wandere zwischen den Büschen und Bäumen umher. Mein Garten hat genau die richtige Mischung aus gepflegt und verwildert. Es gibt Teile, die ich kultiviere, andere überlasse ich ganz sich selbst. Hinten am Teich zum Beispiel ist ein Biotop. Da stürzen die alten Weiden um und werden zu Erde. Im Winter vor zwei Jahren fiel auch eine alte Sauerkirsche zu Boden. Ich ließ sie liegen, sie trieb wieder aus. Wir ernten ihre Früchte nun deutlich leichter.

Wenn ich viel schreibe, gehe ich manchmal nur fünf Minuten hinaus, um zu mir zu kommen. Ich zupfe hier ein Blatt, rieche da an einer Rosenblüte, streiche mit den Fingern über den Lavendel, kaue eine Nadel vom Rosmarin oder ein Blatt vom Salbei. Oft sitze ich einfach nur und schaue. Etwa Mitte Mai, zur Zeit der Obstblüte, wenn die Wiese mit Wildkräutern übersät ist, blüht der große Rosenbusch neben der Terrasse. Ich freue mich wochenlang auf diese vier, fünf Tage: Morgens trete ich mit der Kaffeetasse in der Hand vor die Tür und die ganze Luft ist erfüllt vom süßen Duft. Still sitze ich dann, atme tief, lächle und bin wunschlos. Manchmal schließe ich einfach die Augen, lausche dem Summen der Bienen, höre Buchfinken und Spechte, das Rascheln der Blätter. Oder beobachte Spiegelungen des Lichts durch die Bäume. In meinem Garten verbinde ich mich mit meiner Natur, er ist ein Teil meiner Seele.

Nun wünsche ich auch Ihnen, liebe Leserin und lieber Leser, dass Achtsamkeit Ihr Leben mehr und mehr in einen üppigen Garten verwandelt, in dem Sie sich ganz spielerisch und leicht, von Augenblick zu Augenblick besser wahrnehmen. Ich wünsche Ihnen viele Erlebnisse der Verbundenheit, damit das Glück zu einem Teil Ihrer Natur wird. Die Zeit ist reif für das Jetzt.

Das Seminar zum Jetzt

Wenn dieses Buch Sie inspiriert hat, kann für Sie nun eine leichtere Zeit beginnen.
Manchmal braucht es aber noch einen zusätzlichen Anstoß, eine persönliche Motivation oder handfeste Übungen, damit die neue Idee ins Leben einzieht. Deshalb lade ich Sie herzlich zu meinen Augenblicks-Seminaren ein. Besuchen Sie mich auf meiner Homepage unter www.Gerti-Samel.de oder schreiben Sie mir eine E-mail: info@Gerti-Samel.de

Kane, Ariel und Shya: Das Geheimnis wundervoller Beziehungen, Windpferd, Aitrang 2005

Klein, Nicolaus: Meditation, das Praxisbuch, BLV, München 2005

Leria, Michael M.: Street-Zen, Kösel, München 2000

Meutes-Wilsing, Adelheid und Bossert, Judith: Die Leichtigkeit des Zen, Theseus, Berlin 2000

Mipham, Sakyong: Wie der weite Raum, die Kraft der Meditation, dtv, München 2005

Mannschatz, Marie: Meditation, Mehr Klarheit und innere Ruhe, Gräfe und Unzer, München 2005

Tolle, Eckhart: Leben im Jetzt, Arkana, Goldmann, München 2002

Ruhnke, Amiyo: Kein innen, kein außen, Zen Koans, Urania, Neuhausen am Rheinfall (Schweiz) 1998

Servan-Schreiber, David: Die neue Medizin der Emotionen, Kunstmann, München 2004

Wessbecher, Harald: Das magische Selbst befreien, Ansata, München 2005

Wetzel, Sylvia: Leichter leben, Praktische Meditationen zum Umgang mit Gefühlen, Theseus, Berlin 2002

Shoshanna, Brenda: Zen und die Kunst, sich zu verlieben, O.W.Barth bei S. Fischer, Frankfurt am Main 2005

Tipping, Colin C.: Ich vergebe, der radikale Abschied vom Opferdasein, J. Kamphausen 2005

Zöllner, Ulrike: Die Kunst der langen Weile, Kreuz, Stuttgart 2004

Zu Kapitel 6

Wenn Sie sich für die EMDR-Methode interessieren oder einen Therapeuten in Wohnortnähe suchen, wenden Sie sich bitte an EMDRIA e. V. Der Verein führt ein Verzeichnis qualifizierter Anwender, Supervisorinnen, Trainer und Fortbildungsinstitute, veröffentlicht einen Rundbrief, unterstützt die regionale Vernetzung in Intervisionsgruppen, evaluiert die Lehre von EMDR und akkreditiert Trainings, entwickelt Richtlinien für die zahlreichen Anwendungsgebiete, fördert die Anerkennung von EMDR bei den Krankenkassen und informiert die Öffentlichkeit.

EMDRIA – Deutschland e. V. – Niedernstr. 16 – 33602 Bielefeld – Tel.: 0521 – 5574886 – Fax: 0521 – 5574887 – info@emdria.de

Homepage: www.emdria.de

Danke

Dankbar bin ich meiner Lektorin Christel Gehrmann für die wunderbar zartfühlende, unterstützende und motivierende Betreuung dieses Buchprojekts. Thomas Schmitz und Ralf Markmeier danke ich für ihr Vertrauen.
Tief verbunden bin ich all meinen Seminarteilnehmern und meinen Meditationsschülerinnen und -schülern, die es mir ermöglichen, mit und an ihnen zu lernen. Danke speziell an Angela, Elisabeth, Elli, Heidrun und an Ilse für eure mentale Unterstützung, eure Liebe, euren Respekt und euren Glauben an mich. Danke auch an euch beiden, Manfred und Benedict Schneider für eure fürsorgliche Anteilnahme während des Schreibens und dass ihr dieses Buch wie alle anderen mitgetragen habt.
Als nächstes möchte ich mich bei allen namentlich nicht genannten Menschen bedanken, die mir als meine Lehrer ihr Wissen schenkten, mich geistig inspirierten und die bewusst oder unbewusst dazu beigetragen haben, dieses Buch in die Welt zu bringen. Danke Ulla, Astrid, danke Walter. Last but not least geht mein ganz spezieller Dank an Herrn Dr. Ernst Kiener für die tiefen Einsichten, die er mir während des Schreibens ermöglicht hat.

Praktische Übungen und Meditationen: